現代社會와 倫理

現代社會와 倫理

金基錫 著

序

東方의 隱深한 나라 韓土는 一八八〇年代 以後 歷史의 새로운 照光이 비추기 시작했다. 참된 民主主義를 받아들여 흔들리지 않는 民族의 國家를 세울 機會가 몇 차례 맡겨졌던 것이다. 一八九六年의 獨立協會와 一九一九年의 三一運動과 一九四五年의 民族의 光復과 一九四八年의 政府樹立과 ……이 몇 번 機會가 있기는 있었다.

그런데 우리에게 보내진 이 貴重한 機會는 마침내 겨레의 願을 이루지 못하고만 헛된 苦惱에 마쳤다. 錯綜된 東洋政局 때문이었으리라. 異民族의 箝制 때문이었으리라. 美蘇兩軍의 分斷進駐 때문이었으리라. 一人政治와 거기에 緣由하는 腐敗 때문이었으리라. 그러나 究竟의 問題는 體制나 制度가 아니고 個個人의 心情과 習性임을 알아야 할 것이다. 이미 半世紀 前에 堅强한 民主國家를 일으켜 세웠어야 할 國家의 걸음걸이를 오늘의 艱重한 대목에 이끈 것은 그 責任이 단순히 外勢나 執政者에게뿐 있었던 것은 아닌 것이다. 個個人이 자세히는 나 자신이 그 原因이었고 또 되고 있음을 깨달아야 할 것이다.

西獨과 우리의 境遇가 오늘의 보는 顯著한 差를 가져온 것은 그 採擇한 制度나 法의 탓이 아니고 個個人의 生活, 心情, 習性, 風作의 탓이니 벽돌로 쌓여 올리는 집과 부지깽이로 일거리를 만드는 집과가 같지 않은 것은 이 때문이다. 個人과 家庭이 썩은 물결에서 벗어져 나오지 못하는 限 그 나라가 겉으로 民主主義나 政黨政治를 흉내 낸다고 해서 새나라가 되기란 어려울 것이다.

우리들의 할 일은 이 個人과 家庭 속에 있는, 겨레의 精神的 道德的인 力量을 集結하여 우리를 삼키고 있는 物質主義 濁流에 抗하여 끊어지지 않는 鐵條網을 最後의 一人, 最後의 一隅에 이르기까지 韓半島 全域에 둘러치는 일이다. 倫理全書 세 권을 엮어 이것을 내어놓는 微意 또한 여기에 있는 것이다.

오랜 苦難과 悲劇의 國土인 韓土가 이제 勇敢히 일어나 亞細亞를 밝히는 燈臺가 될 때가 돌아왔다. 그런데 이 榮光을 回復하고 못하기는 나 자신의 自己革命 道德的인 革命에뿐 달린 것이다.

一九六〇年 七月

著 者 識

復刊辭

우리의 할 일 중에서 가장 긴급한 일은 나 자신을 바로 세우는 일이다. 西隱 金基錫교수는 政治도 經濟도 文化도 그리고 敎育도 중요하지마는 우리사회에서 가장 긴급한 것은 저마다 마음속 깊이 道義와 倫理로 무장하고 거듭나는 일이다. 이 일을 위하여 그는 아침부터 밤까지 뛰고 또 뛰었다. 만년에 그는 삶을 산 것이 아니라 매순간 탄환처럼 살아갔다. 그는 반세기전에 「倫理全書Ⅰ」을 펴내었다. 그는 제호 Ⅱ와 Ⅲ을 계속 펴낼 예정이었다. 우선 「倫理全書Ⅰ」은 新世代의 道德, 法話, 歷史傳記, 省察과 箴言으로 구성하였다. 이를 통하여 한사람 한사람이 진실로 거듭나기를 바랬던 것이다.

최근 봄나라의 圓我 유송열님은 "얼이 빠지면 얼간이입니다."는 글을 발표하였다.

돌아봄이 / 밥먹고 사는 일중 / 가장 으뜸되는 일입니다. /

돌아봄이 / 일중의 일이되고 / 생활중의 생활이 되어야합니다 ./

돌아봄의 생활을 하지 않는 삶은 / 모두 얼을 팔아먹는 / 얼간이 짓에 불과합니다. /

천하를 얻어도 얼이 빠지면 / 자기를 보존하지 못하고 / 자기를 잃어버려 / 자기가 누구인지 모르는 얼간이 입니다. /

천금을 주고도 사지 못하는 것이 얼입니다. / 그러므로 / 얼을 팔아먹는 삶을 살아서는 안됩니다. /

얼이야말로 / 가장 고귀한 보배입니다. / 얼이 바로 / 나요 / 진리요 생명이요 길입니다. /

일어버린 얼을 / 되찾는 것이 / 바로 돌아봄이요 / 정신차림입니다. /

돌아봄이 / 얼을 찾는 삶입니다. / 돌아봄하지 않고 살면 얼이 빠집니다. /

돌아봄 하여야 얼이 차려지고 / 얼을 차려야 사람이 됩니다. /

얼간이 주제에 / 무슨 출세가 있고 / 성공이 있고 / 명예가 있단 말입니까! / 사랑과 자유가 있단 말입니까! / 얼간이에게는 행복도 없습니다. /

얼은 / 어느 누가 대신 찾아주지 못합니다. / 자기가 찾아야 합니다. /

앉으나 서나 자나 깨나 / 얼을 찾는 노력을 줄기차게 하여야 합니다. / 얼이 꽉차야 / 알맹이가 되고 / 얼이 차지 못하면 / 쭉정이가 됩니다. /

돌아봄 바라봄 늘봄의 생활이 / 알찬 삶의 길입니다. /

얼을 찾아야 / 어른입니다. / 얼이 차지못한 사람은 / 아무리 나이가 먹어도 얼아입니다. /

얼(정신)을 찾아 / 얼(정신)을 잃어버리지 않는 가운데 / 일하여야 / 일에 빠지지 않고 / 놀아도 노는데 빠지지 않아 / 비로소 / 사람다운 사람입니다. /

(圓我 유종열 지음 「늘봄의 생활에서」)

우리들이 화급히 할일은 나의 새로운 건립, 개인과 가정속에있는 겨레의 정신적 도덕적인 역량을 집결하여 우리를 둘러 쌓고 있는 물질주의, 향락주의, 입신양명주의, 잘못된 이데올로기의 탁류에 항거하여 여전히 끊어지지 않는 철조망을 나로부터 시작하여 한반도 전역에 돌아봄, 바라봄, 늘봄의 정신차림으로 하여금 전세계로 파동쳐가게 해야할 윤리적 사명이 모든 일중에 우선해야할 일이 아니겠는가? 이 일을 위하여 「현대사회와 윤리」를 새롭게 펴내는 것입니다. 이 과업의 실천을 위하여 한국학술정보(주) 채종준 대표님의 협조에 거듭 사의를 표합니다.

2005년 10월 20일

東方精神文化硏究所

代表　金 善 陽

目　次

新世代의 道德

民主主義

一

사람은 社會的인 存在로서 社會를 떠나서는 잠시라도 살아갈 길이 없다. 그런데 우리들은 이 社會 속에서 두 개의 基本關係에 들어서게 된다. 하나는 個人의 個人에 대한 關係요 하나는 個人의 社會에 대한 關係다. 우리들의 社會生活은 이 두 基本關係의 表現 또는 聯關이라고 할 수 있을 것이다.

社會生活에 있어서의 基本關係가 거기에 依據하는 原理가 다름 아닌 民主主義다. 民主主義는 社會生活의 根本體制요 또 그것을 이끌어 나가는 原理다. 社會는 個人에 대하여 全體로서의 뜻을 가지고 個人은 社會 속에서 서로 얽매여 이 全體를 드러내기에 이른다.

社會를 떠난 個人도 없거니와 個人을 떠난 社會도 있을 수 없다. 個人은 社會 속에서 個人에 만나고 또 서로 더불어 社會에 돌아옴으로 해서뿐 個人이 될 수 있다. 社會에 있어서의 個人의 個人에 대한 道理, 個人의 全體에 대한 道理를 規定 또 表現하는 것이 民主主義에 지나지 않는다. 民主主義가 社會生活의 根本原理면서 「部分의 義」와 「全體의 義」를 가지는 것이 이 때문이다.

西洋中世의 社會는 權威와 制度가 個人의 自由를 極度로 抑壓한 時代였다. 말하자면 中世社會라고 부르는 巨大한 Mechanism 밑에 個人이 隷屬되었던 時代였다. 이 抑壓과 隷屬으로부터 個人이 자기를 解放시킨 것이 文藝復興이다. 文藝復興은 理性의 復興이거니와 그렇기 때문에 個人 및 그 自由의 復興이기도 하다. 理性主義, 個人主義, 自由主義는 결국 하나로서 反抗하는 近代精神의 自己表現에 지나지 않는다. 民主主義는 近代精神의 根幹이니 民主主義가 理性을 尊重하고 個人을 尊重하고 自由를 尊重하는 것이 이 때문이다.

二

民主主義는 近代에 있어서 個體解放의 原理로 展開되었다. 個體는 普遍의 한 희미한 點은 아니다. 個體는 하나하나가 固有한 뜻을 가지고 나아가 全體를 表現하기에 이른다. 個體의 破滅이 個體의 破滅에 그치지 않고 결국 全體의 破滅을 가져오는 것이 이 때문이다. 個人의 人格, 人民의 自由는 그 자신 한 개 究竟目的으로서 어디까지든지 이것이 尊重 保障되어야 할 것이다. 이렇게 하여 佛蘭西革命의 精神이 그대로 民主主義의 精神이 되는 것으로서 近代의 모든 思想과 運動은 한가지로 이 눌리우는 個體의 解放과 建立과

擁護를 위하여 꾸준히 싸워 오늘에 이른 것이다.

美國이 낳은 高貴한 指導者 Lincoln이 南北戰爭에 쓰러진 戰歿兵士를 追悼하는 자리에서 행한 演說의 저 有名한 句節은 民主主義에 對한 簡潔한 說明으로 널리 引用되고 있거니와 民主主義는 어디까지나 人民이 하는 政治, 人民에 의한 政治, 그리고 人民을 위한 政治가 되어야 할 것이다. 人民이 主體가 되고 人民의 總意에 묻고 人民全體를 위하고. 이것은 分明히 社會生活의 原理요 理想이다. 우리들은 여기에 따라가고 또 따라가기 힘써야 할 것이다.

그런데 民主主義가 人民을 위한다고 할 때 이것은 人民 한 사람 한 사람의 本能과 衝動과 物慾을, 말을 바꾸면 利益을 위한 것이 되어서는 안 된다. 民主主義는 人民의 利가 아니고 人民의 義를 위해야 할 것이다. 民主主義가 社會生活의 論理면서 겸하여 그 倫理인 것을 생각지 않아서는 안 된다. 民主主義가 建立하고 顯彰해야 하는 人民의 義란 어떤 것일까. 民主主義 原則은 다시 한개 根本原理를 豫想하는 것으로서 人間平等의 原理가 곧 그것이다. 사람이 만일 平等한 것이 아니라고 하면 모든 個人을 한결같이 볼 것이 못 되는 까닭에 個人 가운데 빼어난 者가 主人이 되어 主宰하고 다스리는 편이 훨씬 合理的이기 때문이다.

三

사람은 나면서부터 平等하다. 이 人間平等의 原理가 다름 아닌 民主主義의 根本原理로서 民主主義의 一般原則은 이 平等의 原理를 基礎로 하고 그 위에 선다고 할 수 있다. 그런데 人間이 平等하다는 것은 個人의 資質·能力 그 環境에 있어서 平等하다는 것이 아니고 人間의 다름 아닌 人間인 面에 있어서 말을 바꾸면 人格

의 面에 있어서 平等하다는 것이니 平等의 原理는 그대로 人格의 原理가 되지 않아서는 안 된다. 「人格」은 人格 그 自體가 목적으로 「物件」과 바꾸거나 값으로 表示할 수 없는 尊嚴을 가진다. 「物件」이 價格을 가지는 대신 「人格」은 品位를 가진다고 일컬어지는 것이 이 때문일 것이다. 사람은 누구나 이 目的 自體의 尊嚴한 人格을 가지는 오직 한 가지 點에서 萬人은 진실로 平等한 것이다. 民主主義는 이 같은 人間에 있어서의 人格의 平等을 主張하여 萬人이 한가지로 兄弟와 姉妹가 되어서 아름다운 社會를 이루자는 위대한 理想主義다. 民主主義처럼 人格을 尊重하고 民主主義처럼 理想에 불타는 主義는 없을 것이다. 民主主義는 자기와 남의 人格을 尊重하고 그 自覺에 呼訴하여 個人과 社會를 한 걸음 높은 階段에 올려 人類究竟의 目的을 實現하려는 줄기찬 努力에 지나지 않는다.

民主主義는 個體解放의 原理로서 個人과 그 意見을 尊重하는 面을 가진다.

그러나 個人이 자기의 權利만을 主張하고 자기의 利益만을 擁護하기 위하여 意見을 發表하는 것이 民主主義는 아닐 것이다. 利己와 驕慢과 固執처럼 民主主義에서 멀리 떠나는 것은 없기 때문이다. 謙虛한 精神. 이것이 民主主義의 빛나는 徵表다. 자기를 바로 세우고, 자기와 함께 남을 認定하고, 남을 通하여 자기를 높이고, 이리하여 社會의 새로운 發展을 가져오고. 이 모든 것은 한가지로 謙虛한 精神의 내어뻗는 가지, 그 탐스러운 열매라고 할 수 있다.

四

民主主義는 어디까지든지 義務의 體系다. 자기가 하고 싶은 대로 하는 것이 民主主義가 아니고 자기가 마땅히 해야 할 일, 사람이면 그 處地에 누구나 해야 할 일을 깨닫고 또 행하는 것이 民主主義다. 社會生活에 있어서의 秩序와 道理를 함부로 깨뜨리는 것이 民主主義는 아닐 것이다. 民主主義는 헛된 因襲 그릇된 傳統에 反抗하여 새로운 基礎 위에서 個人 및 社會를 튼튼히 쌓아올리는 堅決한 싸움인 것이다. 지금까지의 굴레를 벗는 것이 民主主義가 아니고 새로운 멍에를 메는 것이 民主主義다. 우리들의 社會生活이 그 自體의 一貫한 理法을 가지는 限, 社會生活의 指導原理로서 이 民主主義는 이 一貫한 理法에 대한 自覺 및 그 發現이 아닐 수 없다. 낡은 것에서 새로운 것에 나위는 것이 모든 進展의 方向이기 때문에 새로운 것을 崇尙하는 일이 그대로 民主主義인 줄 알기 쉽거니와 民主主義는 본래 새롭고 낡은 것을 넘어서는 한개 久遠한 努力이요 實踐에 지나지 않는다.

우리들은 앞에서 民主主義가 社會生活의 根本原理로서 「部分의 義」와 「全體의 義」 두 가지 面을 가진다는 것을 말했다. 部分과 部分과의 사이의 道理가 「部分의 義」요, 部分과 全體와의 사이의 道理가 「全體의 義」인 것이다. 民主主義는 社會生活에 있어서의 部分과 全體의 아름다운 辨證法에 지나지 않는다. 民主主義가 하나하나의 個人 및 그 平等한 人格을 尊重하면서 그렇기 때문에 全體의 方向과 決定에 따라가는 것은 이 때문이다.

民主主義에 있어서는 部分이 全體에게 눌리우는 것이 아니고 全體를 나타내고 또 거기에 돌아온다. 民主主義에 있어서 部分은 자기를 全體의 部分으로 自覺하는 데 나가는 것이라고 할 수 있다. 그런데 民族主義 역시 個體에 대한 全體의 優位를 主張한다. 個人의 진실한 根源이 民族이니 이 民族이 다름 아닌 歷史의 主體로서 個人은 民族에 돌아오고 民族을 나타내는데뿐 있어서 個人으로서의 뜻과 빛을 가진다고 한다. 이 「全體의 義」를 主張하는 民族主義는 全體로부터 個人에 달아나려는 그릇된 個人主義에 대하여 가르치는 바 크다. 그런데 이 民族主義 역시 民族이 다시 그 것을 넘어서는 全體의 한 部分이 될 때 民族 自體의 個體性을 尊重하여 그 獨立과 自由와 平等을 主張하기에 이르나니 民族自決主義란 말하자면 民族의 民主主義라고 할 수 있다.

民主主義는 個人의 平等에 붙잡혀 全體에서 떠나기 쉽고 民族主義는 全體의 優位를 主張하기 위하여 個人을 소홀히 하는 때가 있다. 우리들은 民主主義의 「平等의 義」에 의하여 民族主義를 살리고 民族主義의 「全體의 義」에 의하여 民主主義를 살려야 할 것이다.

理性과 感性

一

希臘 사람들은 人間을 理性的 存在로 理解했다. 人間에게는 분명히 理性이 주어졌다. 이 理性이 주어지고 理性이 맡겨지고 理性에 의하여 生活이 이끌리는데 理性存在로서의 人間의 깊은 뜻이 있을 것이다.

그런데 人間에게는 理性뿐이 주어진 것이 아니고 理性과 함께 感性이 주어졌다. 人間은 理性的이면서 感性的, 感性的이면서 理性的인 二重存在로서 여기에 人間의 秘密과 矜持와 限界와 그 使命이 놓인다.

우리들의 우리들 자신에 대한 素朴한 또 자연스러운 經驗은 분명히 人間의 二世界性 二傾向性을 가리킨다. 좋은 일이 좋은 일이면서 좋지 않은 일이고 좋지 않은 일이 좋지 않은 일이면서 좋은 일이고, 하고 싶은 일이 하고 싶으면서 하고 싶지 않고 하고 싶지 않은 일이 하고 싶지 않으면서 하고 싶고…… 어느 것이 진정한 나, 어느 것이 진정한 내 얼굴인 것일까. 이것도 나고 저것도 나다. 이것도 내 얼굴이 아니고 저것도 내 얼굴이 아니다. 이렇게 된다고 하면 우리들은 마침내 자기를 찾을 길이 없을 것이다. 부단히 헤매고 찢기고 부단히 헤어지고－여기에는 영원히 어두운 混沌한 狀態가 繼續될 것이다. 그런데 우리들 속에서 들리는 두 갈래의 소리는 단순한 混聲 또는 竝聲은 아니다. 눌리일 대로 눌리어 있고 갈려질 대로 갈리어 있다고 하더라도 光明이 어두움을 박차고 달빛이 구름을 헤치듯이 이겨야 할 者－마땅히 이기고 나타나야 할 者－ 마침내 나타나야 한다. 理性的＝感性的 存在로서의 人間이 단순히 理性的＝感性的 때문이 아니고 이 理性 및 感性이 人間에게 있어서 어떤 一定한 階序를 이룸으로 해서 人間이 비로소 人間됨을 얻었다고 할 수 있다. 人間에게서 보는 理性 및

感性의 一定한 階序란 무엇일까.

사람은 그 자신 自然必然性 아래 機械性 아래 놓여 있다. 이것은 몸을 가진 人間으로서 感情의 刺戟을 받는 人間으로서 말을 바꾸면 現象界에 屬하기도 한 人間으로서 어떻게 할 수 없는 일일 것이다.

그런데 우리 人間의 生活, 意志 및 그 行動이 純然히 mechanism的인 機制에 의해서뿐 이끌린다고 하면, 물이 아래로 흐르고 무쇠가 磁石을 따라가듯이 안 그렇게 될 수 없어서 그렇게 되었다고 하면, 즉 自由란 것이 도무지 없다고 하면 우리들은 人間生活에 있어서의 道理, 그 善不善·義不義를 말할 수 없을 것이다. 自由가 주어지지 않은 아득한 因果律의 世界－여기에는 아직 자연을 넘어서는 것이, 道德的인 것이 生誕되지 않았다고 할 수 있다. 自然의 世界와 道德의 世界란 어떻게 다른 것일까. 하나는 「있는 일」에 關聯되고 하나는 「있어야 할 일」에 關聯되고, 하나는 存在 하나는 當爲, 하나는 自然必然性 하나는 自由에 關聯되고…… 自由의 世界에는 「있는」 事態뿐이 있고 아직 「있어야 할」 事態가 있지 못한다. 비가 내리고 바람이 부는 것이, 내리지 않을 수 없고 불지 않을 수 없는 狀況 밑에서 내리고 또는 부는 것이거니와 이때 우리들은 비나 바람에 대해서 그렇게 된 것이 바르다 바르지 못하다, 마땅하다 마땅하지 못하다를 論議 斷定할 수는 없다. 왜 그런고 하니 비나 바람에 있어서는 그것이 그렇게 된 것밖에 달리 일어날 道理가 없었기 때문이다.

그런데 우리 人間의 경우에 있어서는 어떤 것일까. 누가 거짓말을 하고 약속을 지키지 않고 信義를 背反하고 심지어 사람을 죽이고 했을 때, 그리고 또 겉에 나타나지 않은 일로 지나가는 女人을 보고 자기 혼자서 언짢은 생각을 품었을 때 물론 그로 하여금 그렇게 하게 한 原因 또는 事情은 있었을 것이지마는 그렇다고 해서 그에게는 그렇게 행하고 그렇게 작정하고 그렇게 생각하고 느끼는 것밖에 다른 길이 없었던 것일까. 만일 우리들의 行動과 決定에 전연 自由가 없다고 하면 그리고 우리들의 하는 일 그 가치는 생각이 모두 그때 그 경우에 있어서 안 그렇게 될 수 없어서 그렇게 되는 것이라고 하면 이렇게 機械的 必然的으로 決定되는 人間에게 우리들은 道理와 法秩序를 要求할 수 없다. 그렇게 된다고 하면 誠實·信義·맑은 心情·責任感 같은 것을 要求할 수도 없고 우리들의 生活은 통째로 盲目的인 必然性과 動物的 衝動의 跳梁하는 마당이 되어버려 人格의 體系 義務의 體系란 것이 成立 또 顯成될 것이 없을 것이다.

二

그런데 그렇지가 않다. 사람에게는 自然必然性 밖에 自由란 것이 주어졌다. 자유란 人間의 가장 깊은 곳에서 우러나오는, 人間이 人間 자신을 建立하는 우렁찬 소리인 것이다. 自然의 世界로부터 하나의 새로운 世界, 道德의 世界가 갈라져 나오는 씩씩한 進軍譜가 다름 아닌 自由다. 아— 自由는 人間的인 것을 生誕케 하고 또 그것을 守護 救拯하는 人間 자신의 福音에 지나지 않는다. 우리들은 人間에게, 우리들 자신에게 自由가 주어진 것을 어떻게 알 수 있는 것일까. 단순한 自然必然性 機械性 아래 놓여 있는 것이 아니고 줄기차게 이것을 打破해 마치려는 自由가 우리들에게 주어졌다는 것은 人間으로서의 우리들 자신의 矜持요 自覺이요 또 確信이다.

人間에 있어서의 理性的인 것이 感性을 박차고 莊嚴한 本體의 世界를 展開시킬 때 우리들은 蒼空 높이 不滅의 光芒을 내어뿜는, 人間 자신의 英勇스러운 모습에 놀라지 않을 수가 없다. 그런데 이 같은 人間은 한편 徹頭徹尾하게 肉의 支配 아래 놓여 과부의 財物

을 탐내고 친구의 아내를 꼬여내는 人間이기도 하다. 「아― 이 死亡의 구렁에서 나를 구원할 者―누구뇨」라고 한 바울의 嘆息은 그대로 感性에 사로잡힌 人間 자신의 嘆息일 것이다. 칸트는, 人間의 理性이 어디까지든지 有限한 것으로서 그것이 絶對的인 것이 될 수 없고 또 되어서 안 된다는 것을 여러 번 말했다. 칸트에 있어서 人間에 있어서의 感性은 그것이 偶然한 것이 아니고 그 자신 깊은 뜻을 가지는 것이었다. 人間에 있어서의 理性이 人間을 人間 以下인 動物로부터 이끌어 올리는 힘이 되거니와 人間에 있어서의 感性은 다시 人間을 人間 以上인 神의 秩序의 아래 두게 하는 限界로서 하나는 動物에 대하여 人間을 人間답게 만드는 原理고 하나는 絶對者에 대하여 人間을 人間답게 만드는 境線이라고 할 수 있다. 칸트의 理性批判의 哲學이 헤겔의 絶對精神의 哲學에 비하여 얼마나 謙虛 또 誠實한 것일까. 칸트는 感性은 理性이 거기로부터 자기를 獨立시키고 理性 자신의 主導權을 掌握하게 하기 위하여 이를테면 理性의 한 刺戟으로 주어진 것이라고 하였다. 그중에서도 Affect(愛執)는 말하자면 酩酊, Leidenschaft(激情)는 慢性病 같은 것이 된다고 하였다. 感性은 어떻게 보면 理性의 病일 것이다. 人間의 理性, 卽 感性에 사로잡힌 理性은 그렇기 때문에 병든 理性일 것이다.

人間은 理性에 屬한 것도 運命的이고 感性에 屬한 것도 運命的이라고 할 수 있다. 그리고 理性이 感性에 대하여 영원히 그 主導權을 主張하는 것도 運命的이고 感性이 여기에 대하여 끝까지 反抗하는 것도 運命的이고 道德法에의 意志의 완전한 一致가 無限課題性으로 남아있는 것도 運命的이고 最高善이 實踐理性의 要請으로 남아있는 것도 運命的이다. 理性的이면서 感性的이고 感性的이면서 理性的인데 有限한 理性存在로서의 人間의 모든 秘密과 矜持와 努力과 地位와 限界와 그리고 그 固有한 使命이 있다고 할 것이다.

칸트는 人間에 있어서의 理性的인 것과 感性的인 것을 같은 平面 위에 있는 것이 아니고 하나가 위에 있고 하나가 아래 있는 것으로 理解하였다.

사람에 따라서는 人間에게는 理性的인 것이란 처음부터 없는 것이고 感性的인 것뿐에 그친다고 主張하는 이들이 있다. 이런 이들에게 있어서는 人間存在의 構造聯關이 問題가 되지 않는다. 그런데 人間에게 理性과 함께 感性, 感性과 함께 理性이 주어졌다고 볼 때 비로소 이 둘의 聯關이 問題가 되는 것이니 이때에 있어서 우리들은 두 가지 境遇를 생각할 수 있다. 理性과 感性이 같은 平面 위에 있어 서로 싸우고 있을 境遇가 하나, 感性이 理性 위에 있어 이것을 누르고 이것을 支配할 境遇가 하나－앞의 境遇에 있어서 人間은 自己分裂에 떨어질 것이고 뒤에 境遇에 있어서 人間은 動物에 逆轉되었을 것이다. 그리고 이 두 가지 境遇 밖에 나중으로 한 가지 境遇가 남았으니 理性이 感性 위에 있어 이것을 嚮導하는 境遇이다.

三

칸트는 理性的＝感性的 存在로서의 人間에게 있어서 언제나 理性이 主導權을 掌握해야 한다고 하였다. 人間生活 및 人類歷史의 使命은 칸트에 依하면 理性의 感性으로부터의 獨立 그리고 그 領導權의 獲得 및 顯彰에 있다. 感覺的인 것에 사로잡힌 生活, 傾向性에 떨어진 生活이 얼마나 더럽고 唾棄할 만한 生活인 것일까. 誘惑하고 威脅하고 앞을 가로막는 重疊된 感性의 障害를 박차고 한결같이 자기를 드러내는 理性의 줄기찬 싸움에서 칸트는 無限大無限量의 崇高美를 찾으려고조차 하였다.

칸트에 依하면 人間은 어디까지든지 두 서로 같지 않은 秩序에

屬하는 것으로서 이를테면 二重國籍을 가진다고 할 수 있다. 이 事實 때문에 人間에게는 두 가지 性格이 마련되는 것이니 하나가 經驗的 性格 하나가 叡智的 性格이다.

人間이 그 자신 한개 自然이고 또 自然의 秩序에 屬해 있는 限, 人間은 어찌할 수 없이 自然의 法則 아래 말을 달리하면 因果律 아래 서게 된다. 人間의 意志 및 그 行動이 外部 또는 內部의 施設이나 衝動에 依하여 여러 갈피 여러 모양의 影響을 받기에 이르는 것은 이 때문일 것이다. 自然必然性, 機械性. 이것은 여전히 人間을 누르고 있다. 그러나 人間을 눌러 마치지는 못한다. 人間에 있어서의 身體性, 따라서 一切의 感性的인 것, 感覺・衝動・本能・傾向性・反射的 運動－이런 것들은 모두 自然因果性의 系列에 屬해 있을 것이다. 어린애가 어머니 배 속에서 꾸물거리고, 그것이 나오자마자 젖을 빨고, 우리들이 먹고 자고 일어나고, 피가 血管에서 돌아가고, 숨쉬고, 心臟이 뛰고, 病으로 자리에 눕고－이것은 自然으로서의 人間의, 따라서 물이 자라나고 가지가 내어뻗는 것이나 별로 다를 바 없는 일이다. 그런데 여기까지는 自然의 秩序에 連結되는 人間의 機械性의 面이 될 것이다. 그러나 人間生活의 實踐의 全面이 이 機械性으로 덮여서는 안 된다. 거짓말을 하고, 게으르고, 친구를 속이고, 信義를 지키지 않고……이때 그에게는 여러 가지 事情과 狀況이 있었을 것이고 거기에서 벗어나 바른 말을 하고 부지런하고 하기가 좀처럼 어렵기도 했을 것이다. 그러나 어려운 事情, 딱한 形便이라고 하여 또는 자기 性格이나 性情이 그렇게 생겼다고 해서 우리들은 조그만 外的 原因, 誘惑하는 感覺的 衝動에 몰려 아무렇게나 그때그때 자기 편할 대로 거짓말도 하고 約束도 깨뜨리고 심지어 사람도 죽이고 해서 될 것일까. 사람이 環境의 制約을 받지 않음이 없다고 해서 人間을 單純한 環境의 産物뿐으로 보아 버려서는 안 될 것이다. 經驗的 性格의 主體로서는 人間은 宛然히 또 完全히 被動的 受動

的일 것이다.

그러나 人間의 이 被動的인 面을 打破하는 새로운 性格이 없는 것일까. 自然에 있어서의 機械性, 이것은 그 자신 平面的인 것도 低劣한 것도 아니다. 天體의 運行, 季節의 바뀜이 그대로 自然의 機械性의 展開인대로 얼마나 莊嚴 또 幽玄한 것일까.

그런데 이 같은 機械性이 物理的인 自然으로부터 動物에 옮기어지는데 미쳐 아름다운 機械性으로부터 보기 흉한 機械性에 바꾸이는 것을 볼 수가 있다. 動物은 자기 몸뚱이를 자기 힘으로 움직일 수 있다는 事實 하나를 通하여 大自然의 機械性에 대한 조그만 하나의 反抗을 試驗한 것이라고도 할 수 있다. 動物에 있어서의 機械性이 自然의 調和를 들어보일 本來의 境地에서 떨어져 도리어 그 調和를 허는 一面을 가진 動物的 衝動에 顚落된 것은 이 조그만 反抗者에게 내린 어느 意味의 罰이 아닐까. 처음에서 끝까지 自然의 秩序에 屬한 動物로서 自然을 一貫하는 機械性에 붙잡혀 衝動에 따라 衝動이 시키는 대로 움직이는 것은 動物로서 마땅한 또 免치 못할 境地일 것이다.

그런데 自然의 秩序 아닌 秩序에 屬하기도 한 人間으로서 그 자신 機械性의 系列에뿐 붙잡혀 그 意志와 行動이 動物的 衝動의 奴隸가 되어버렸다고 하면 우리들은 이것을 어떻다고 할 것일까.

칸트에 依하면 自由란 자기 스스로 자기를 規定할 수 있는 理性能力으로서 이것이 없이는 道理·法·義務·道德이 모두 空文이 되어 人間에게는 矜持도 自覺도 良心도 努力도 自己鬪爭도 使命感도 人格의 尊嚴도 道德的 實踐도 없는 한개 曠漠한 自然의 領野 그렇지 않으면 動物的 衝動의 跳梁하는 마당이 展開될 것이다.

四

우리들에게 자기 스스로 律할 수 있는 그리고 자기 스스로를 높은 秩序에 이끌어 올릴 수 있는 自由가 주어졌다는 것은 얼마나 즐거운 消息일까. 自由와 함께 道德이 生誕되었고 道德과 함께 義務가 生誕되었고 義務와 함께 人格과 善意志가 生誕되었고 이렇게 하여 道德, 義務, 人格, 善意志와 함께 人間이 비로소 生誕된 것이다. 自由와 함께 人間의 生活이란 것이, 人間다운 生活이란 것이 이 世上에 왔다－이렇게 말할 수가 있다. 自由란, 理性이 感性으로부터 말을 달리 하면 道德의 秩序가 自然의 秩序로부터 자기를 解放시키는 運動이요 鬪爭이요 努力이요 實踐이다. 自由란, 人間에 있어서의 高位能力이 低位能力에 대하여 자기를 顯示·獨立·主張·提高하는 作用에 지나지 않는다. 人間 속에 깊이 깃들어 있고 또 그것이 英勇스럽게 자기를 드러내는 人間에 있어서의 高次의 事實로서의 「理性의 事實」 눈뜬 者뿐이 이 自由란 것을 알게 되고 또 그에게 있어서 自由가 맡겨지는 것이 이 때문이다.

自由는 人間에 있어서의 새로운 自己, 本來의 自己의 소리에 지나지 않는다. 自由는 그러면서도 感性에 사로잡힌 人間에게 있어서는 依然히 먼 곳에서 들리어 오는 희미한 소리가 될 수밖에 없다. 우리들은 이 희미한 소리가 들려오는 것으로서 그리고 그것이 다름 아닌 자기 자신의 소리인 줄을 아는 것으로서 多幸함을 삼지 않을 수 없다.

人間에 있어서의 理性的인 것이 感性的인 것으로부터, 理性의 自律이 動物的 衝動으로부터 자기를 解放시키는 能力 그 作用이 自由였다. 人間에 있어서의 理性的인 것은 感性的인 것에 대하여 말을 바꾸면 本來의 自己가 한때의 臨時의 自己에 對하여 마땅히 이겨야 한다. 人間은 *毋論* 理性뿐의 *存在*는 될 수 없다. 理性뿐의

存在일 때 이 理性은 有限理性이 아니고 無限理性이고 이 無限理性은 絶對者의 理性, 神的 理性으로서 처음부터 有限者로서의 人間에게 許諾되지 않는 것이거니와 人間에게 만일 感性的인 面이 전혀 주어지지 않았다고 하면 人間은 어느 意味에 있어서 人間을 넘어선 것이 되지 않을 수 없을 것이다. 人間은 人間 以下에 떨어져도 안 되고 人間 以上을 넘어서도 안 되는 것이니 하나는 아래에로의 人間의 喪失, 하나는 위에에로의 人間의 昇化에 마쳐 마침내 人間을 잃어버리기에 이르기 때문이다.

人間에 있어서의 理性的인 것은 그 感性的인 것에 대하여 끝까지 이겨 그 主導權을 確立해야 할 것이다. 個人의 生活 및 人類의 歷史에 있어서의 우리들의 根本使命은 理性이 感性을 물리치고 그 主宰權을 掌握하는데 있다고 할 수 있다. 그런데 우리들의 理性이 感性을 이겨야 하거니와 이 이겨야 하는 것이 언제나 이겨야 할 것으로 남아 있어 마침내 이겨 마친 것에 나위지 못하는 것을 우리들의 現實이 우리들에게 가르치고 있다. 이겨야 할 것이면서 마침내 이겨 마친 것이 되지 못한다—이것은 무엇을 意味하는 것일까.

칸트는 우리들 중에는 자진해서 義務를 행하는 者는 없다, 하기 싫은 것을 하기 싫은 대로 안 해서는 안 되기 때문에 하는 것이라고 말한 때가 있다. 그럴 것이다. 善을 즐거워서 행하고 義務를 자진해서 遂行하기란 어려울 것이다. 힘든 것을 행함으로 해서 善이 빛나고 어려운 일을 치름으로 해서 義務가 崇高한 것이 아닐까. 人間이 理性的이면서 아울러 感性的인 데는 깊은 뜻이 있을 것이다. 우리들은 人間이 感性的이기도 하다는 事實로부터 깊이 人間의 有限性을 읽지 않아서는 안 된다.

이 人間의 有限性에 깊이 沉潛하여 絶對者의 恩寵에 자기를 맡기려는 것이 모든 진실한 宗教의 立場일 것이다. 칸트에게는 줄곧 이 같은 宗教的 心情이 있었다. 칸트의 哲學에서 플라톤主義

를 읽을 수 있다고 하면 칸트의 信仰에서는 바울의 述懷를 들을 수 있을 것이다. 칸트의 哲學을 敬虔한 精神, 淸廉한 精神이라고 하거니와 이것은 그의 哲學의 밑바닥을 흐르고 있는 宗教的 心情 때문일 것이다.

겨 레

一

내 앞에 나무 한 그루가 있다. 수많은 푸른 잎들이 달라붙어 있다. 이 수많은 잎들은 나무의 뿌리로부터 水分과 養分을 받을 것이다. 그리고 나무는 이 잎 하나하나를 다시없이 所重하게 여길 것이다. 나와 겨레와의 關係도 이것과 같은 것이다.

우리들 하나하나는 모두 어떤 커다란 덩어리에 屬해 있다. 家庭, 社會, 民族, 國家……우리들은 이런 덩어리 속에서 살게 생겼다. 그 덩어리가 잘되면 나도 잘되고 못되면 나도 못되고. 그런데 이 같은 덩어리 속에는 우리들이 나면서부터 싫고 좋고 어떻게 할 수 없는 運命的인 것이 있으니 그것이 다름 아닌 겨레다. 겨레는 우리들이 그 속에서 나고 살고 또 죽는 목숨의 鄕土다. 겨레는 우리들의 어머니다—이렇게 말할 수도 있다. 우리들의 歷史와 文化, 그리고 그 榮光과 苦難은 자세히는 겨레의 歷史요 文化, 겨레의 榮光이요 苦難인 것이니 내가 있는 것이 아니고 겨레가 있고 내가 살아가는 것이 아니고 겨레의 生命이 나를 通하여 자기를 드러내는 것이라고 할 수 있다.

그런데 우리들은 겨레라는 커다란 목숨 속에 있으면서 겨레에 대한 여러 모양의 觀念을 가지고 있다. 겨레를 한없이 좋다고 하는 이도 있고 그렇지 않다는 이도 있고. 겨레를 좋다 나쁘다고 하는, 겨레에 대한 觀念은 그 사람에 따라 다르거니와 이 같은 觀念의 差異가 있다고 해서 우리들이 겨레 속에 살고 있다는 저 커다란 事實이 흔들리는 것은 아니다. 겨레에 대한 觀念은 대개 세 가지에 갈린다. 「겨레를 위해서」라는 말이 어떤 이들에게는 남을 排斥하자는 말로도 들리고 어떤 이들에게는 겨레의 義를 위하여 싸운다는 말로도 들리고 또 어떤 이들에게는 侵略主義의 조심스러운 辨明으로 들리기도 한다. 이렇게 하여 사람들은 겨레의 內容을 혹은 排他的, 혹은 道義的, 혹은 侵略的이라고 規定하려고 한다. 그러나 이것은 다 그것을 바라보는 사람의 主觀에 의한 어디까지든지 「겨레에 대한 觀念」이요 「겨레의 事實」은 아닌 것이다. 겨레란 우리들이 나면서부터 거기에 屬해 있는 한개 運命的인 共同體다. 겨레는 우리들의 목숨의 鄕土, 어머니다. ―이 根本自覺에 돌아올 때 사람들은 지금까지의 지녀온 그 자신의 이지러진 觀念에서 벗어나게 되나니 이 한개 根本自覺은 「겨레의 事實」이 가르치는 生의 빛나는 眞理에 지나지 않는다.

二

겨레를 좋지 않게 생각하는 사람들 속에는 겨레를 넘어서자는 意見을 말하는 이들이 있다. 그들의 主張은 이렇다. ―겨레란 결국 지나가 버려야 할 것이요 民族主義란 다름 아닌 겨레의 利己主義이니 이 좁고 숨 막히는 썩은 울타리를 집어치워야 한다고. 그런데 이것을 主張하는 이들은 우선 宗敎信者 또는 거기에 가까운 이들이고 그리고는 國際共産主義者들이다. 겨레로 서로 갈릴 것이 아니라, 같은 人間으로 섞이고 和해야 한다는 말은 옳은 말이다. 그리고 또 偏狹하고 頑固한 排他的인 民族主義가 종종 겨레와 겨레, 나라와 나라 사이의 紛爭을 일으키는 것은 事實인 것이다. 그런데 진실로 우리들이 겨레를 넘어선다고 하면 이것은 어디까지든지 겨레보다 크고 깊은 立場에서 겨레를 거기에 높이기 위하여 이것을 넘어야 하는 것이요 겨레보다 적은 것 이를테면 個人이나 黨派의 利益을 위하여 겨레를 犧牲시킬 것이 아닌 것이다. 더욱이 자기 겨레만의 强盛을 꾀하기 위하여 남더러 겨레를 解消하라는 것은 世界主義, 國際主義의 假面을 쓴 侵略主義의 한개 僞裝인 것이니 우리들은 겨레를 넘어서야 한다는 허울 좋은 欺瞞과 策動에 덮어놓고 따라갈 것이 아니다. 國際共産主義者들의 民族主義에 대한 非難 誹謗은 그들 자신의 强權慾, 支配慾을 위한 戰略的인 宣傳으로서 겨레가 그들에 의하여 超越되기는커녕 도리어 애꾸지게 破壞 蹂躪되여 겨레에 의하여 쌓아올려진 人類의 高貴한 遺産이 산산이 破滅되기에 이른다는 慘膽한 事實을 想起해야 한다.

三

우리들은 우리들 하나하나가 겨레라는 커다란 목숨 속에서 나고 죽는다는 事實을 배워 알았다. 겨레는 우리들의 조그만 목숨이 거기에서 흘러나오는 根源이요 거기에서 내어뻗는 줄기라고 할 수 있다.

우리들이 겨레를 위하여 자기를 바쳐야 하는 것은 실상 자기 자신의 根源을 북돋우는 일로서 生命의 마땅한 道理요 自然인 것이다. 내가 따로 있고 겨레가 따로 있는 것이 아니라, 목숨의 진실한 根源이 곧 겨레니 조그만 나, 그리고 많은 나는 이 커다란 하나인 목숨을 드러내는 그때그때의 물결 같은 것에 지나지 않는다. 떨어진 잎 꺾인 가지가 이미 잎이나 가지가 아닌 모양으로 겨레의 生命에서 떠날 때 나는 벌써 살아있는 나, 바른 나가 아닌 것이다. 내 그 빛나는 가지가 되리라. 내 그 아름다운 물결이 되리라—이것이 個人의 겨레에 대한 누를 수 없는 所願일 것이다. 民族主義는 겨레에 붙잡히는 主義는 아니다. 내 겨레만이 살겠다는 것이 民族主義는 아니다. 民族主義란 겨레가 자기를 바로 發見하고 튼튼히 세워 그 진심한 모습과 理念에 돌아옴으로 해서 자기를 높이는 自

覺이요 努力이요 體制인 것이다. 겨레를 지키는 일은 個人 및 겨레의 崇高한 義務다. 겨레를 지키는 일이란 겨레를 바로 일으키는 일로서 이때 個人 및 겨레는 그 자신의 모든 티끌을 떨어버리고 높고 향기로운 本然의 모습에 돌아오기에 이른다. 겨레를 지킨다고 해서 겨레에 붙잡혀서는 안 된다. 겨레에 붙잡히는 일과 겨레를 살리는 일은 같은 일이 아니니 하나는 남을 害하는 길이요 하나는 자기와 남을 아울러 일으키는 길이 되기 때문이다.

四

우리들은 나면서부터 겨레에 얽매여 그 속에서 살고 또 거기에 돌아가거니와 이 根本事實이 우리들에게 있어서 埋沒되어 있는 때가 많다. 우리들은 자기의 목숨의 根源을 잊어버리고 처음부터 자기만이 있는 줄 알고 이 그릇된 자기 거짓된 자기에 붙잡히기에 이른다. 이것이 다름 아닌 利己 및 利己主義다. 이 利己的인 生活과 態度를 우리들은 물리쳐야 하거니와 그것이 한편 우리들 자신의 한개 根本傾向이기도 하다. 우리들의 하루하루는 이 같은 그릇된 傾向에 대한 堅決한 싸움이 되어야 할 것이다. 그런데 이 싸움은 個人이 자기를 높이고 넘어서려는 한개 根本的인 自覺으로서 겨레에 눈뜨고 겨레에 돌아올 때 個人은 자기 스스로의 崇高한 根源에 부딪칠 수 있는 것이다. 겨레는 個人을 낳고 기르는 어머니로서 한편 이것을 한없이 높이는 久遠한 教育者다. 겨레에 대한 사랑과 義務가 個人의 가슴속에 聖스러운 感情을 불러일으키는 것이 이 때문이리라. 個人이 자기만을 위하려는 모양으로 겨레 역시 자기에게 붙잡히고 陶醉하는 일이 있으니 그것이 다 全體로부터의 部分의 脫落에 起因하는 것이다. 部分은 어디까지든지 全體

의 部分 이것만 部分이 저대로 있고 저만을 위하려고 할 때 全體와 部分과의 義, 部分과 部分과의 義가 喪失되기에 이른다. 겨레는 겨레면서 겨레를 넘어서는 것을 나타내어야 하고 또 거기에 돌아가야 한다. 이 겨레를 넘어서는 것을 宗敎라고도 할 수 있고 文化라고도 할 수 있고 國際聯合이라고도 할 수 있고 恒久한 平和라고도 할 수 있고 歷史에 있어서의 義라고도 할 수 있거니와 겨레는 물론 歷史의 한 階段 또는 그 主體는 될지언정 그 자신 歷史의 最後究竟은 아닌 것이다. 겨레는 어디까지든지 자기를 넘어서는 高次의 秩序를 드러내고 또 거기에 돌아가지 않아서는 안 된다. 個人이 겨레의 義에 나가는 길과 겨레가 世界史의 義에 나가는 길, 이 두 길은 두 가지 길이면서 기실 한 개의 理念 또는 原理를 보이나니, 우리들은 個人을 높이기 위하여 個人을 바쳐야 하고 겨레를 넘어서기 위하여 겨레를 세워야 하는 것이다.

宣 言 一

－新東洋史序章－

一

東洋諸民族의 歷史로서의 東洋史는 때로는 한족과 북방민족과의 爭覇史, 때로는 漢文化와 印度文化와의 交涉史로 展開되어 많은 迂廻 曲折을 거쳐 오늘에 이른 것이다. 東洋文明의 發祥地로서의 黃河流域 Gandhis江流域에는 지금 때 아닌 西洋바람이 사납게 불어 西洋式都市가 일어서고 西洋式文物이 옮겨지고 西洋式思考와 氣風이 模倣되면서 이리하여 東洋의 遺習遺風이 廢棄泯滅되고 있다. 韓民族은 오랫동안의 東洋史의 轉變을 보았고 이제 또 눈앞에 西洋史의 殷盛을 보고 있다. 그런데 四千年 五千年의 東洋의 轉變, 지금 이 한때의 西洋의 興隆은 도대체 人類의 歷史를 어느 方向으로 이끌어 가려는 것일까.

一九一四年에 勃發되어 一九一八年에 終結된 歐洲大戰은 波斯戰爭 以後 最大의 戰爭이었을 것이다. 그런데 이 戰爭은 西洋近世史에 대하여 歐羅巴史에 대하여 重大한 意義를 가진다. 文藝覆興期를 西洋近世의 아침이라고 하면 一八世紀는 그 낮이요, 一九世紀後半 以後는 그 저녁일 것이다. 그런데 歐洲大戰은 歐羅巴의 決定的인 終末宣言이라고 할 수 있다. 歐洲大戰에 이르기까지 歐羅巴史는 자기를 西洋史로, 그리고 나아가 世界史로조차 일컬을 수 있었던 것이다. 그런데 歐洲大戰을 轉機로 世界史는 轉廻하기 시작했다. 歐洲大戰 以後의 歐洲內外의 政治的 經濟的 思想的 事態는 歐羅巴가 이미 낡아빠졌다는 것을 우리들에게 보여주고 있다. 歐羅巴는 자기를 歷史의 낡은 터전으로 자랑할 수는 있다. 그러나 이것을 새로운 터전으로 主張할 수는 없을 것이다. 歐羅巴는 自然科學과 産業革命과 機械文明과 資本主義와 唯物論과 功利主義를 자기의 것으로 자랑은 할 것이다. 그러나 이런 것들은 근대로 새로운 歷史를 이끄는 主導力은 되지 못할 것이다. 西洋史는 天才的인 希臘사람들에 만나 에－게海中心時代를 꾸렸고 다시 로－마 사람들에 만나 地中海中心時代, 歐羅巴사람들에 만나 大西洋中心時代에 나아갔다. 에－게海와 地中海와 大西洋.

이것은 西洋史의 進展 그 擴大를 象徵하는 記念塔이라고 할 수 있다. 그런데 大西洋中心時代는 歐洲大戰을 契機로 마침내 太平洋中心時代에 옮아오고야 말았다. 大西洋時代와 太平洋時代. 이 사이에는 에－게海時代와 地中海時代, 地中海時代와 大西洋時代와의 사이에서 보는 것 같은 連續이 있지 못하다. 이것들은 하나의 西洋史를 짜 나아왔거니와 저 사이에는 넘어설 수 없는 距離가 있어 하나를 낡은 者의 終末로 하나를 새로운 者의 黎明으로 規定하고 있기 때문이다.

韓土는 東洋史 西洋史의 어느 편에서 보거나 歷史의 中心에서 떠난 隱深한 地域이었다. 에－게海 地中海 大西洋에서 먼 것은 더 말할 것 없거니와 黃河나 Gandhis江으로부터도 떠나 있다고 아니할 수 없다. 겯고 틀고 솟아오르고 잠기는 歷史의 흐름 속에 휩싸이지 않은바 아니었거니와 언제나 한복판에 들어서서 그 主役을 맡아보았다고는 할 수 없다. 그런데 韓土는 歷史의 새로운 터전이 太平洋으로 옮아오는 데 미쳐 차츰 그 隱深性을 버리기 시작했다. 歐洲大戰이 끝난 바로 이듬해인 一九一九年의 三一運動은 이 隱深性廢棄의 第一階段이고 一九四五年의 美蘇兩軍의 進駐는 그 第二階段이고 一九五〇年 韓國戰爭의 勃發은 그 第三階段인 것이다. 오늘의 韓土는 世界의 한편 구석에 멀리 떨어져 있는 隱深한 나라가 아니고 새로운 世界史가 거기에서 展開되는 빛나는 中

心地域이다. 金浦空港과 水營空港은 世界의 政治와 外交와 思想의 모든 秘密을 나르는 배바쁜 空港이다. 韓土와 韓民族은 이제 바야흐로 世界史의 中心에 서 있다. 우리들은 새로운 世界史가 우리들을 通하여 우리들 속에서 또 우리들로부터 展開되려는 歷史의 벅찬 呼吸을 느끼면서 장차 무엇을 해야 하는 것일까.

우리들은 먼저 자기 자신을 알아야 할 것이다. 겨레로서의 우리 겨레의 資質과 性向과 力量을 알아야 할 것이다. 韓民族이란 과연 어떤 民族일까. 韓民族은 다른 많은 民族과 한가지로 겨레의 歷史 卽 經歷을 가지고 있고 이 經歷을 通하여 겨레의 性格 卽 民族性을 形成해 내려왔다. 우리 겨레의 經歷이란 어떤 것이고 그 民族性이란 어떤 것일까. 우리 겨레는 東方古代文化民族의 하나로서 漢族에게 일찍 東方의 禮와 敎化를 傳했고 寬仁忠厚, 大人의 風이 있는 것으로 알려지면서 내려와 新羅의 빼어나고 아름다움과 高句麗의 씩씩하고 튼튼함이 모두 우리의 것이었다. 그런데 그런가하면 唐의 勢力을 빌어 高句麗와 百濟를 꺼꾸러뜨린 것도 우리의 소행 아니라고 하기 어렵고 隋와 唐을 물리친 高句麗의 榮譽를 마침내 回復치 못하고 元·明·淸으로 바꾸어지는 漢土의 歷朝에 혹은 얼리우고 혹은 달래이어 오랫동안 구차스러운 歷史를 엮은 것도 우리의 한 일이라고 아니할 수 없다. 그러나 이 동안에 民族本然의 모습이 여러 번 드러나려고 했고 民族性의 高貴한 傳統이 힘차게 꿈틀거려 많은 維新 蕩平 蹶起 光復을 거쳐 오늘에 이르렀다. 丙子修好 以後 倭의 꼬임에 넘어가 庚戌國恥에 떨어진 것도 우리의 일이고 合併된 지 十年째 되는 一九一九年에 저 偉大한 三一運動을 일으킨 것도 우리의 일이고 三〇年 가깝게 革命政府를 海外에 가지고 있은 것도 우리의 일이고 八·一五의 하늘이 준 機會에 만난 것도 우리의 일이고 美蘇共委에 헛된 希望을 부쳤던 것도 우리의 일이고 國聯監視 아래 自主政府를 세운 것도 우리의 일이고 北韓反逆集團의 南侵 사흘 만에 首都 서울을 내어준 것도 우리의 일이고 共産侵略의 執拗한 攻勢에 抗하여 世界의 全自由陣營을 守護하는 先頭에 나서서 英勇히 싸우고 있는 것도 우리의 일인 것이다.

우리 겨레의 民族性에는 좋은 點도 있고 언짢은 點도 있다. 어질고 인자하고 향기롭고 서로 도우려고 하고 믿음직하고 꿋꿋한 것이 좋은 點이고 거칠고 게으르고 形式에 흐르고 서로 다투고 남을 업으려고 하고 猜忌하고 嫉妬하고 남의 잘못을 보는데 敏捷하고 꾸준하지 못하고 한 것이 좋지 못한 點일 것이다. 그런데 오늘에 이르러 우리들에게는 先人들의 가꾸고 끼친 遺德 遺風이 사라져 없어지고 모든 惡德·廢風·虛僞·亂逸이 우리들의 生活을 좀먹고 있다. 이렇게 되지 않기를 우리들은 바라거니와 이 걱정이 事實에 어긋난 걱정만은 아닐 것이다. 우리 겨레에게는 분명히 좋지 못한 習性이 자꾸만 늘어가고 있다. 우리 民族性은 그 本源에서 멀리 떠나 그 本來의 빼어난 모습 꿋꿋한 形勢를 찾아보기 어렵게 지금은 顚落에 顚落을 거듭하고 있다. 우리 民族性의 이 같은 顚落은 어느 곳에 緣由했고 또 그 過程은 어떤 것일까. 우리들은 우리 겨레의 固有한 性情 또는 本來의 徵表로서 마음의 세 가지 特徵을 들 수 있을 것이다. 古朝鮮의 「너그러움」과 高句麗의 「씩씩함」과 新羅의 「빼어남」과— 이 세 가지가 우리 겨레 本然의 氣象이고 또 이 셋은 「너그러움」을 中心으로 하고 아름답고 둥근 하나를 이루었던 것이다. 그런데 이 根本性情이 흐리기 시작했고 엉킨 셋이 갈라지기에 이르렀다. 古朝鮮의 너그럽고 착함과 高句麗의 씩씩하고 雄大함과 新羅의 빼어나고 향기로움과 그리고 高麗의 흔들리지 않고 아름참이 저 李朝를 거치는 동안에 산산이 깨여지고 부서져 자취마저 사라져버리고 그 대신 오늘의 병신 된 傾向과 썩은 氣風을 물려받은 것이니 이것을 바로잡고 이것을 쓰러뜨리고 이것을 맑히고 이것을 바꾸어 놓기 전에 우리들은 우리들에게 맡겨진 歷史的인 責務를 堪當할 수는 없을 것이다. 아— 李朝, 네가 우리 民族性을 망쳤구나—이렇게 李朝를 定罪하지 않을 수가 없다. 李朝—만일 事大를 國是로 한 李朝, 黨爭에 떨어진 李朝, 文弱과 形式과 헛된 體貌에 붙잡힌 李朝가 아니고 獨立自主 雄大强健한 李朝였다고 하면 李朝는 創造의 李朝, 生産의 李朝였을 것이요 衰亡顚滅의 李朝가 되지 않았을 것이다. 그런데 李朝는 우리 民族性을 북돋우는 面이 아니고 그것을 헐고 좀먹는 面으로 나아갔던 것이다. 그러나 그렇다고 해서 우리들은 李朝만을 나무라서는 안 될 것이다. 李朝 속에도 병든 李朝와 병들지 않은 李朝가 있고 병든 李朝라고 하더라도 실상은 李朝 以前에서 그 病의 根源을 發했기 때문이다. 古朝鮮의 「너그러움」은 漢土와 竺의 文物典章을 받아들이는 데 있어서도 너그러웠던 것이다. 그런데 儒教의 道德이나 佛教의 教理는 우리의 「너그러움」을 體系化하는 한편 그것을 儀文化하는 結果를 가져왔다. 福音은 산 生命이요 律法은 죽은 儀文이라는 말이 있거니와 古朝鮮의 「너그러움」은 그것이 淳朴 質素한 대로 우리 겨레의 산 德義의 久遠한 根源이었던 것이다. 그런데 이 산 너그러움이 밖에서 들어온 倫理와 宗教에 依하여 메마른 綱領 성가신 德目에 떨어지고 말았다. 밖엣것—우리들에게 있어서는 언제나 이 밖엣것이 말썽이다. 高句麗의 「씩씩함」과 新羅의 「빼어남」을 병들게 한 것도 다름 아닌 이 밖엣것이다. 外力 外勢에 대한 自主性의 缺亡—이것이 우리 民族性을 좀먹는 굵은 자벌레다. 이 커다란 자벌레가 붙어있는 限 우리 民族性에는 백 가지 弊端, 천 가지 憂患이 엎치고 덮치는 것이니 高句麗의 「씩씩함」이 亂暴에 떨어지고 新羅의 「빼어남」이 嬌態에 바꾸어진 것이 모두 이 때문이다. 씩씩한 氣槪와 향기로운 品位는 본래의 우리의 것이거니와 사나운 주먹과 간사한 알랑거림은 우리의 것이 아닌 것이다. 오늘 우리들에게서 보는 것과 같은 民族性의 許多한 病弊를 一掃하고 이것을 그 우렁차고 향기로운 根本姿勢에 돌아가게 하는 오직 하나의 길이 있으니 그것은 他律性의 支配로부터 完全히 또 永遠히 벗어나는 일이다. 남에게 의지하고 남을 업고 남의 힘을 빌자니 자연 갈리게 되고 갈려서 쑤군거리게 되어 이렇게 하여 分裂·朋黨·派爭·嫉妬·謀略·中傷·虛構·造作의 弊－여기에서 그 根源을 發하기에 이른다. 남에게 의지하고 남을 업고 남의 힘을 빌자니 자연 꾸미게 되고 꾸며서 비위를 맞추려고 하고 이렇게 하여 粉裝·術策·阿諂·虛僞·自屈·卑怯·醜惡·扈從의 風이 서로 다투어 그 가개를 버리지 않을 수가 없다. 남의 힘에 依存하는 것이 이렇게 두려운 結果를 가져온다는 것을 高句麗敗亡 以後의 겨레의 歷史가 이것을 가르치고 있는 것이다.

二

高句麗毁廢 以後 우리 겨레의 連綿한 民族史的 責任은 獨立國家의 建立 回復이다. 高句麗 뒤에 統一新羅가 있었고 高麗가 있었고 李朝가 있었거니와 이것은 다 嚴密한 意味의 獨立國家라고는 하기 어려울 것이다. 獨立國家에 대하여 그렇지 못한 것을 屬邦 植民地 衛星國家 信託國家라고들 부르거니와 高句麗 以後 李朝에 이르는 우리의 境遇에 있어서는 이것을 椅依國家라고 부를 수 있을지 모른다. 歷史에 있어서 高句麗의 다하지 못한 責任, 新羅의 다하지 못한 責任, 高麗와 李朝의 다하지 못한 責任이 무엇일까. 이 다하지 못한 責任이 다름 아닌 獨立國家의 建立으로서 이것이

곧 오늘의 우리들에게 내려진 民族史의 命令이다. 獨立國家란 아시다시피 看板이나 걸 體制나 對外宣言만을 가지고 되는 것은 아닌 것이다. 겨레의 살림살이로서의 國家의 살림살이가 어디까지나 그 民族本位가 되어야 하고 그 民族 자신의 力量에 依하여 計劃되고 執行되고 批判되어야 할 것이다. 남의 힘이 들어와 움직이고 남의 눈짓과 턱을 쳐다보는 國家는 獨立國家는 아닐 것이다. 자기 힘으로 서고 자기 힘으로 꾸려 가고 자기 힘으로 남과 싸우고 자기 힘으로 社稷과 國土를 지키고 자기 힘으로 歷史의 義를 들어내고- 이것이 獨立國家일 것이다. 獨立國家는 결국 힘의 國家다. 힘없는 獨立國家란 것이 있을까. 힘. 이것은 모든 事物과 生命의 偉大한 神秘다. 莊嚴한 星辰의 運行으로부터 地上의 一土一木에 이르기까지 모두 이 힘의 世界의 表現이라고 할 수 있다. 힘에 依하여 모든 것이 있고 또 그 자리가 주어진다. 뿌리가 튼튼치 못한 나무가 먼저 사라지고 무게가 가벼운 조그만 돌이 물에 밀리는 것이 무엇 때문일까. 겨레의 힘이 씩씩하게 내어뻗지 못할 때 안으로 썩기 시작하고 안의 形勢-병들고 虛弱할 때 外患이 이것을 엿보는 법이니, 壬辰丙子의 外侮에 만나 國土가 賊의 말발굽 아래 짓밟힌 것이 번번이 이 힘 때문이었던 것이다. 힘이라고 할 때 힘이 곧 武力인 것은 아니거니와 겨레의 힘이란 民族生命의 全分野에 넘쳐흐르는 總氣勢를 일컫는 것으로서 겨레의 精神力, 身體力, 겨레의 政治力, 經濟力, 文化力, 防衛力, 겨레의 道德力, 信仰力을 두루 가리키는 것이 될 것이다. 이 같은 겨레의 힘에 依하지 않고 남에게서 빌려 온 지팡이나 부디갱이를 가지고 설커리 집을 만들어 놓았다고 해서 獨立國家라고는 못할 것이다. 지팡이나 부디갱이가 휘고 부러질 것도 걱정이려니와 이것조차 자기 것이 아니고 남에게서 빌어온 것임을 잊어서는 안 될 것이다. 우리들은 이 「지팽이 집」, 「부디갱이 집」을 다시 지으려고 해서는 안 될 것이다. 나는 앞에서 高句

麗의 다하지 못한 責任, 新羅의 다하지 못한 責任, 高麗와 李朝의 다하지 못한 責任이란 말을 썼거니와 이 다하지 못한 責任이란 튼튼한 材木으로 튼튼한 집을 세우는 일이다. 우리들 하나하나가 돌이 되고 흙이 되고 나무가 되고 벽돌이 되고 石灰가 되고 못이 되고 기와장이 되고 다시 이것이 굳게 엉키고 세차게 물리어 튼튼하고 아름답고 品位있는 한 채 집이 되어야 할 것이다.

獨立國家의 建立은 겨레의 歷史의 連綿한 遺業으로서 겨레와 國土－오직 이 일을 위하여 수많은 苦難을 겪어 오늘에 이른 것이다. 獨立國家의 建立에 忠하는 者－겨레의 義에 忠하는 者요, 獨立國家의 建立에 殉하는 者, 겨레의 義에 殉하는 者인 것이다. 獨立國家의 建立은 그렇기 때문에 우리에게 있어서 民族 最高의 命令, 民族 最高의 倫理, 民族 最高의 確信 및 實踐이 아닐 수 없다. 獨立宣言書의 첫머리에

> 吾人은 玆에 我朝鮮의 獨立國임과 朝鮮人의 自主민임을 宣言하노라. 此로써 世界萬邦에 告하여 人類平等의 大義를 克明하며 此로써 子孫萬代에 誥하여 民族自存의 正權을 永有케 하노라.

다고 하여 莊嚴한 民族獨立을 宣布했거니와 이것은 獨立國家의 建立을 위한 民族的 責任에 대한 歷史的 表現에 지나지 않는다. 獨立國家의 建立을 阻害하는 個人이나 國家는 그것이 안에 있고 밖에 있음을 莫論하고 歷史에 있어서의 民族의 義에 대한 最大의 叛逆을 꾀하는 者인 것이다. 그들은 한때 자기들의 所行을 祖國이나 人民을 위한 것이라고 속일 수는 있을 것이다. 그러나 歷史는 이것을 峻嚴하게 審判할 것이니 자기를 義로 일컫는 不義는 자기의 不義를 認定하는 不義보다 한층 더 무겁게 定罪되어야 하기 때문이다.

三

韓民族에게 맡겨진 民族史的 世界史的 責任의 첫째는 獨立國家의 建立이었다. 韓民族이 자기들의 獨立國家를 建立하는 일은 韓民族 自體의 責任도 되려니와 이것이 世界史의 責任도 되는 것이다. 왜 그런고 하니 지금의 韓民族이 남에게 隷屬된 民族이 된다고 하면 이것은 元에 바뀌어 淸이 누르고 淸에 바뀌어 倭가 삼키던 대로 倭의 자리에 들어서서 다시 이 受難의 民族을 구박할 者가 있어야 하고 이렇게 함으로써 世界史의 義가 毁廢되기 때문이다. 다른 한편 우리의 獨立國家의 建立은 우리 民族 자체에 대한 責任이면서 남의 民族을 바로 이끄는 責任이 되기도 한다. 民族의 獨立이 民族自存의 正權이면서 아울러 人類平等의 大義이기 때문에 民族의 獨立을 確保하는 일은 남으로 하여금 다른 民族을 삼키는 不義를 저지르는 것을 막는 일이 되기도 한다. 民族의 獨立을 喪失한 者는 자기 民族에 대해서와 남의 民族에 대해서의 二重의 罪過를 犯한 것이니 남으로 하여금 不義를 행하게 한 罪－가볍다고 못할 것이다. 獨立國家는 힘의 國家요 힘의 國家란 자세히는 우리들 하나하나의 精神力과 道德力과 身體力에 依한 國家인 것이다.

韓民族에게 맡겨진 民族史的 世界史的 責任의 둘째는 協同國家의 建立이다. 이 協同國家란 어떤 것일까. 獨立國家는 힘의 國家였다. 겨레는 겨레 자신의 存立과 그 存續을 위하여 힘이 必要하다. 그런데 이 자기를 세우고 지키기 위한 힘이 남을 누르는데 쓰일 때 獨立國家는 權力國家에 떨어지는 데 權力은 대개 侵略의 문지방으로서 權力國家가 侵略國家가 되어버리는 것은 免키 어려운 形勢일 것이다. 獨立國家로부터 權力國家에로－이것은 獨立國家의 그릇된 方向이다. 東洋 및 西洋의 國家史가 얼마나 이 그릇된 方向으로 顚落된 것일까. 獨立國家는 權力國家에로가 아니고 마땅히 協同國家에로 나아가야 할 것이다. 獨立國家는 그 자신 整然한 法秩序요 이 法秩序는 家庭과 家庭, 機關과 機關의 協同에 依한 것이다. 協同國家는 다름 아닌 法의 國家다. 이 法이란 무엇일까. 法은 단순한 法律은 아닐 것이다. 法律도 法이요 道德도 法이요 慣習도 法이요 自然과 人事의 當然한 體制가 그대로 法인 것이니 法이란 본래 理法 道理의 義로서 그 있을 자리에 있고 그 해야 할 일을 하는 것이 모두 法인 것이다. 法의 國家로서의 協同國家란 단순한 法治國家를 意味하는 것은 아니다. 法治國家는 어떻게 보면 이 法의 國家의 顚落形態라고도 할 수 있다. 마땅히 행해져야 할 法과 道理가 행해지지 않으니 이 그릇된 狀態를 制定된 法에 依하여 規制하자는 것이다. 不法이 많이 행해지는 까닭에 法治가 한층 더 자세하게 된다고도 할 수 있다. 진정한 法의 國家는 法으로 다스리는 國家가 아니고 法이 튼튼하게, 保障되는 國家로서 法의 國家의 理想은 法治國家에 있는 것이 아니고 도리어 德治國家에 있는 것이라고도 할 수 있을 것이다. 自然과 人事의 當然한 體制란 무엇일까. 어떤 하나가 있고 또 그것이 다른 것들을 있게 하는 것이다. 어떤 하나가 있는 것을 힘이라고 하면 다른 것들을 있게 하는 것이 協同일 것이다. 나무가 자기 혼자뿐 서 있고 거기에 흙이니 空氣니 돌이니 풀이니가 없는 일이 있을 수 있을까. 시냇물이 자기 혼자뿐 흐르고 거기에 부는 바람, 내려쪼이는 볕, 푸른 언덕, 들리는 새 소리가 없는 일이 있을 수 있을까. 아마 없을 것이다. 이 나무가 서 있고 시내가 흐르는 것이 나무나 시내의 힘이라고 할 수 있고 나무가 흙과 더불어 있고 시냇물이 바람과 함께 어울린 것이 나무 또는 시내의 協同일 것이다. 자기가 있지 못하고 남을 있게 하지 못하고 남을 있게 하지 못하고 자기가 있지 못한다. 자기의 가지고 있는 힘은 남과 더불어의 協同에 나아가야 하고 남과 協同하기 위해서는 자기 자신의 힘을 가지지 않아서는 안 된다.

民族 및 國家에 이르러서도 事理는 마찬가지인 것이다. 자기 힘으로 서지 못하고 다른 民族과 協同할 수 없고, 남과 協同하지 못하고 자기 겨레를 바로 세울 수는 없을 것이다. 이 自明한 그리고 尊貴한 眞理를 우리의 國家史는 소홀히 했다. 그리고 西洋近世의 國家史는 아직도 이것을 모르고 있는 것이다. 우리의 境遇에 있어서는 獨立國家가 椅依國家에 떨어져 隷屬國家를 거쳐 國權의 喪失을 가져온 바 있었고, 저들의 境遇에 있어서는 獨立國家가 權力國家에 기울어져 侵略國家에 나오면서 國家의 敗亡에 마친 적이 많았다. 獨立國家로부터 椅依國家에로의 顚落, 獨立國家로부터 權力國家에로의 抗進. 이것은 다 國家의 바른 方向이 아니다. 民族 및 國家의 오직 하나의 올바른 方向은 獨立國家로부터 協同國家에로의 方向인 것이다. 國際聯盟이 이 方向으로 나오려고 하다가 쓰러졌고 國際聯合이 이 方向으로 나오려고 애쓰고 있다. 그런데 우리 겨레는 이 方向을 그 全民族史를 通하여 堅決히 保障하기에 힘써 왔다. 우리 겨레가 치른 戰爭은 모두 防衛戰爭이었으니 우리가 남을 侵略하기 위하여 일으킨 戰爭이라고는 없었다. 힘이 약했던 탓일 것이라고 우리를 비웃을 者가 있을 것이다. 남이 우리를 侵略할 수 있다고 생각하는 것을 許諾할 정도로 우리 자신 힘을 기르지 못한 事實을 우리들은 認定해야 할 것이다. 그러나 우리가 남을 한 번도 侵略하지 않은 것은 侵略하기 어려워서가 아니고 侵略하기를 원치 않았던 때문이었다. 겨레도 個人에게서 보는 것과 마찬가지로 그 겨레의 性格 또는 性情이란 것이 있으니 侵略을 즐기는 겨레가 있고 그것을 원치 않는 겨레가 있는 것이 이 때문일 것이다. 侵略을 즐기는 者는 이 侵略을 위하여 여러 가지 핑계를 만들고 또 勝算없이도 이것을 決行해 내는 것이니 强하다고 해서 남을 侵略하는 것이 아니고 弱하다고 해서 남에 대한

侵略을 斷念하는 것도 아닌 것이다. 侵略을 원치 않는 者에 있어서의 國家의 方向이 다름 아닌 獨立國家로부터 協同國家에로의 方向이다. 獨立宣言書는 우리 겨레의 獨立과 함께 우리國家의 協同에 關한 莊嚴한 宣言이었다. 獨立 卽 協同, 協同 卽 獨立의 偉大한 精神이 우리 敵에게 領解되지 못했고 우리 자신에게 있어서조차 護持되지 못한 채 내려오다가 一九四五年 國聯의 創立과 함께 그 指導精神이 되어 國聯憲章의 이름 아래 다시 回復되기에 이르렀다. 獨立國家의 建立과 함께 協同國家에로의 志向은 우리 國家史의 一貫한 理念이요 또 確信이다. 獨立國家로부터 協同國家에로의 國家 本然의 方向의 實現을 위하여 하늘이 이 겨레를 오랫동안 길러 둔 것이라고도 할 수 있을 것이다.

M·R·A

一

現代의 問題는 그릇된 이데올로기와 그릇된 生活風潮의 問題다. 共産主義와 「腐敗」가 問題다. 이 頑强한 그리고 썩은 구렁텅에서 人類를 救援하고 歷史를 바로 響導하는 것이 다름 아닌 現代의 問題다. 이르는 곳마다 거짓과 不義와 분쟁과 不和와 愛慾과 嫉妬와 눈 흘김과 抑壓과 腐敗가 遍滿하다. 個人이 그렇고 家庭이 그렇고 産業이 그렇고 敎派가 그렇고 政黨이 그렇고…… 아 ― 이 썩은 물결 냄새나는 물결 虛妄한 물결을 물리칠 者가 누굴까. 모스크바와 北京은 革命을 빙자하는 共産侵略의 牙城이고 뉴욕과 上海는 官能主義犯罪의 巢窟이고 로마와 巴里는 지나가는 사람의 주머니를 떠는 구경터가 되고 東京과 뉴델리는 國際政治의 行商 속에서 한몫 보려는 보따리 흥정하는 골목이 되고……

그런데 이번에 美國 Mackinac와 瑞西 Caux에서 M·R·A 世界大會가 열렸다. Mackinac의 會期는 五月 二十九日에서 十月末, Caux의 會期는 七月一日에서 十月末까지였다. 모인 나라로서는 約 四○餘 個國으로서 아프리까 北쪽에서 캐나다에 이르고 스칸디나비아 半島에서 인도네시아에 이르는 世界全域에서 모인 大會였다. 사람도 政治家, 實業家, 軍人, 勞動者, 宗敎人, 會社員, 農場經營者, 敎育者, 作家, 音樂人, 學生, 靑年, 家庭婦人, 映畵俳優, 黑人, 白人, 亞細亞 사람, 아메리칸 인디안, 基督敎徒, 佛敎徒, 無神論者, 前共産黨員…… 이렇게 수많은 사람들이 모여서 個人을 근심하고 家庭을 근심하고 集團을 근심하고 産業을 근심하고 政治를 근심하고 자기 겨레를 근심하고 世界의 運命을 근심하고, 많은

協議와 計劃과 報告와 改變과 決意와 表明과 團結과 相互理解와 友情과 奉仕와 心情의 轉廻와…… 이렇게 하여 새로운 形態의 會議가 새로운 精神 아래 열렸다. 우리나라에서는 이번에 二○名이 參加하여 亞細亞地域에서는 日本팀의 五○名에 다음가는 數字를 보였다. 이 M・R・A 世界大會는 一九四六年 以來로 每年 이 運動의 센터인 Mackinac와 Caux에서 열리기로 되었다.

二

現世紀가 가지고 있는 가장 强力한 精神主義運動, 그러면서 世界改變運動인 이 M・R・A 運動은 約 四○年의 鬪爭經歷 그리고 二四○名에 達하는 World Mission을 갖고 있다.

이 運動의 創始者 Frank Buchman은 一八七八年 六月 四日 美國 Pennsylvania州 Pensburg에서 태어났다. 그는 瑞西系 美國사람으로서 一八九九年 Muhlenburg 大學을 나와 갖고 神學博士와 法學博士의 學位를 받았고 一九○二年 牧師에 任命되었다. 그는 처음에 孤兒들을 돌보는 일을 했는데 뒤에 英國에 건너가 Cambridge와 Oxford에서 基督教精神 아래 學生들을 指導했고 이 訓練된 一團의 學生을 끌고 아프리카에서 困難한 人種問題 産業問題를 解決하는 데서 시작하여 基督教信仰 아래 스칸디나비아, 캐나다, 亞細亞, 이렇게 하여 世界全域에 걸치는 世界改變運動에 着手하여 八○平生을 싸워 오고 있다. 一九二一年 八月 Cambridge Triniy Hall에서 이 運動의 첫 번 大會인 全英大會가 열렸는데 이것이 아마 이 運動의 公的進發의 시초였을 것이다. 一九二八年 일곱名이 一團이 되어 자기들의 새로운 精神과 經驗을 펴기 위하여 南亞聯邦에 갔는데 거기 新聞이 그들 一團을 Oxford

Group이라고 부른 데로부터 이 名稱이 생겨나 그때부터 Oxford Group으로 알려지고 있다. 이 Oxford Group은 새로운 使命과 訓練된 團結 아래 이르는 곳마다 數千數萬名을 이 精神에 이끌어 많은 빛나는 收獲을 거두었는데 그들은 한 곳에서 다른 곳에 옮아갈 때마다 다음과 같은 노래를 불렀다.

씩씩한 軍隊마냥
神의 敎會는 進軍한다
兄弟여, 聖者의 예던 길을
지금 우리들이 예고 있도다

一九三八年 第二次世界大戰의 危機와 破碇을 눈앞에 두고 열린, 英國 East Ham Town Hall에서 열린 大會에서 Buchman博士는 Oxford Group의 鬪爭은 이 같은 緊迫한 世界情勢에 對應하여 여러 나라의 道德的 精神的인 힘을 集結해야 하는 Moral Re-armament가 되어야 한다고 闡明했다. 그때부터 M・R・A라는 말이 널리 使用되어 이 運動, 이 團體 또는 이 精神을 指稱하는 말로 널리 알려졌다.

그런데 이 Oxford Group의 運動, M・R・A運動은 순연히 Buchman 博士 자신의 基督敎信仰을 基盤으로 한 內的經驗과 그 强力한 精神力으로부터 우러나온 것으로서, 그의 高邁한 人格과 불을 뿜는 鬪爭이 이 運動을 오늘과 같은 磐石 위에 이끌어 놓은 것이다. 이 運動이 아마 現世紀의 가장 强力한 精神運動, 또 가장 特色있는 世界改變運動일 것이다. Buchman 博士가 세상을 떠난다고 해도 조금도 흔들리지 않는 基盤이 닦아졌고 또 그 아래 이 精神 밑에 訓練된 빼어난 人材들이 삼밭에 삼대 들어서듯 모였다. Buchman 博士 자신이 運動의 精神과 指標를 다음과 같이 말했다.

Oxford Group은 基督敎革命團體다. 그들의 使命은 생생한 基督敎를 回復하는 데 있다. 그 目的은 神의 聖靈의 支配 아래 있는 새로운 社會秩序다. 보다 나은 人間關係를 樹立하고 無私로운 協同을 成就하고 더럽혀지지 않은 産業, 더럽혀지지 않은 政治를 일으키고 政治的 産業的 人種的인 紛爭과 衝突을 根絶시키고…… Oxford Group은 생각하기를 世界規模的인 廣汎한 精神的인 覺醒만이 우리들의 오직 남은 希望인 것이다. 改變된 生活의 基盤 위에서뿐 世界의 恒久한 再造가 保障된다. 改變된 生活과 떠나서는 어떤 文明이고 지탱될 수 없는 것이다.

三

마끼노(Mackinac)는 Michigan 湖水 속에 있는 조그만 섬이다. 여기에 몇 해 전에 M · R · A 世界센터를 지었다. 千名넘어 앉을 講堂 千名넘어 收容할 宿舍, 그리고 食堂, 事務室, 倉庫, 부엌, 休憩室, 讀書室, 劇場…… New York에 있는 UN 本廳舍를 보았는데 그것은 各國代表들이 公式으로 둘러앉아서 會議할 場所고 여기 마끼노는 世界全域에서 모여온 같은 家族들이 모여서 살고 이야기하고 할 수 있는 한개 커다란 家庭이었다. 저기를 公式 UN이라고 하면 여기는 民間 UN이라고 부를 수 있는 것인데 그 施設 · 運營 · 雰圍氣 · 精神 · 生活이 지나치게 家庭的인데 놀라지 않을 수가 없었다. 방이나 倉庫에 쇠라고는 채우는 일이 없고, 물건을 아무 데나 놓아두고, 자기 집 자기 물건으로 알고 물건을 다루고, 누구나 같이 일하고, 서로 돕고, 禮節과 친절과 사랑이 흐르고, 고요하고, 부드럽고, 平和롭고, 맑고 깨끗하고, 마음이 高潔하고, 여자들이 통 화장이라고는 하지 않고, 정답고, 즐겁고, 서로 아끼고, 수고를 먼저 하고,

근심을 같이 하고, 같이 웃고, 같이 울고…… 集會는 하루 세 번 정도로 아침 七時半, 낮 十一時, 저녁 五時, 그리고 저녁 식사 뒤에 劇場에 가서 劇이나 노래 映畵를 보고…… 五六百名이 넘는 사람들이 Frank를 中心으로 무슨 計劃 세우는 것을 보았는데, 흡사 집안의 할아버지를 모시고 온 家族들이 둘러앉아 방 한 칸 늘리는 의론 같은 것을 정답게 하고 있는 光景 같은 데는 그 雰圍氣, 그 精神, 그 光景에 놀라지 않을 수가 없었다. 그 이튿날 서울에서 온 신문을 보니 예산문제로 國會에서 굉장한 싸움이 있었고……

그런데 이 마끼노에 모인 사람들의 이 정답고 맑은 雰圍氣가 어디서 온 것일까. 두터운 信仰에서, 그리고 世界를 바로잡으려는 使命感에서…… 여기 모인 사람들의 生活의 根本源泉은 아침에 고요한 시간을 갖는 일이다. 고요한 시간, 이것이 絶對者로부터 듣고 또 絶對者에게 接觸하고 그 뜻에 따라가는 시간이다. 이 고요한 시간을 갖는 일이 여기 모인 사람들의 놀라운 힘이 흘러나오는 源泉이다. 이 고요한 시간을 갖는 데 依하여 그들은 우리들이 어머니 무릎에서 배운 美德인 正直과 純潔과 無私와 사랑에 돌아간다. 이 같은 고요한 시간을 갖는데 依하여 그들은 자기들의 욕심과 虛妄 속에서 살지 않고 높은 빛과 거룩한 손길에 이끌려 부단히 자기를 改變시키는 生活 속에 들어가고 있다. 이 자기 改變 자기의 心情의 改變에 依하여 家庭의 改變, 政治의 改變, 國家의 改變, 世界의 改變에 나아가 貪慾과 罪惡과 紛爭과 嫉妬에서 벗어나 사랑과 奉仕와 平和에 이끌리는 높은 秩序를 이 地上에 이룩하려는 것이 이 運動의 願이요 理想이다. 그런데 이 같은 偉大한 꿈을 가슴에 품은 사람들의 生活 또는 그 鬪爭方法이란 지극히 간단하다. 첫째 고요한 시간을 갖고 둘째 그 생각을 記錄하고 셋째 分擔하고 넷째 實行에 힘쓰고…… 그들은 이 方法에 依하여 지금 많은 사람을 獲得하고 또 자기들 스스로 그 속에서 굳은 團結에 힘쓰고 있는 것이다.

四

나는 지금 美國 Michigan州 Michigan 湖水 속에 있는 Mackinac섬에서 열린 M・R・A世界大會에 한달 나마 參席한 거친 印象을 적었다. 우리나라가 共産黨에 대하여 싸웠고 또 싸우고 있는 것은 世界의 자랑이요 또 敎訓일 것이다. 그런데 우리들은 이것을 끝까지 물리칠 수 있는 精神武裝이 必要하고 또 共産主義를 끌어드리는 우리들 자신 속에 있는 腐敗에서 解放되어야 할 것이다. 이런 뜻에서 오늘의 危機 아래 놓인 世界는 서울과 함께 마끼노가 必要하다. 서울 없이 마끼노만 있어도 안 되고 마끼노 없이 서울만 있어도 안 되고…… 서울과 마끼노가 連結되는데 依하여 우리들은 우리를 도적질 하려는 모스크바와 北京을 쳐부술 수 있고 우리를 誘惑하고 썩히는 뉴욕과 上海를 물리칠 수 있을 것이다.

지금 이 地球上의 나라와 나라, 都市와 都市에는 거짓과 탐욕만이 번창하고 있다. 가정이 그렇고 직장이 그렇고 마을이 그렇고 제자가 그렇고…… 서로 속이고 서로 훔치고 서로 욕심만 부리니 너도 나도가 한가지로 썩고 찢기고 쓰러지고 무너져 넘어갈 수밖에 없다. 이 거짓과 탐욕의 물결을 물리치는 일에 個人이나 家庭이나 國家나 世界가 한마음 한 덩어리가 되어 일어설 때가 닥쳐온 것이다. 우리들 하나하나의 性情과 生活 속에 깊이 뿌리를 박고 있는 이 거짓과 탐욕을 빼어버리기 위하여 堅强한 倫理戰線이 우리들 사이에 民族과 國家 性別과 人種 言語와 信仰의 구별 없이 結成되고 또 前進되어야 할 것이다. 만일 우리들이 서로서로 걱정해 주고 서로서로 나누어 가진다고 하면 모든 사람은 충분한 것을 가질 수 있을 것이다. 이 世界에는 모든 사람의 필요를 채울 수 있는 정도의 物資는 넉넉하다. 그러나 모든 사람의 욕심을 채우는 데 넉넉할 정도의 물자는 없는 것이다.

日常性

一

나는 하루하루 살아가고 있다. 그런데 이 살아가는 일이란 무엇일까. 먹고 자고 일어나고 일하고 생각하고 사람들과 만나고…… 우리들은 우리들에게 목숨이 맡겨진 것을 알고 있다.

우리들은 이 예사롭고 신비스러운 목숨의 事實을 종당 헤아려 알 길이 없거니와, 우리들의 목숨이란 살아가는 일이요 살아가는 일이란 그 자신의 內容을 가진다. 우리들의 살아가는 內容이 무엇일까. 나라와 社會의 公務를 執行하는 것만이 살아가는 일이고 집에 돌아와서 앉았거나 누웠거나 하는 일은 살아가는 일이 아닐까. 研究室에 있고 教會에 나가고 하는 것만이 살아가는 일이고 밥을 먹거나 옷을 입거나 하는 일은 살아가는 일이 아닐까. 일에 있어서 크고 적은 일이 있는 것이 아니고 행하는 데 들어서 무겁고 가벼운 것이 있을 바 아니다. 우리들은 하루에도 이루 헤아릴 수 없는 動作과 態度와 決意와 表現을 보이고 있다. 그런데 우리들이 하고 있는 수많은 이 같은 움직임이나 생각들은 그것이 단순한 機械的인 廻轉이 아니다. 태엽을 틀어주기만 하면 시계 톱니바퀴는 재깍재깍 돌아가고 감기었다가 풀리기만 하면 팽이는 멎을 때까지 자꾸만 돌아간다. 우리들의 살아가는 일이란 이 같은 無意味한 反復은 아니다. 어떤 자리(痕跡)가 나고 어떤 傾向이 생기고 어떤 틀이 잡히고 어떤 習性 어떤 性格 어떤 品位가 形成되고－이것이 단순한 Physis的인 것과 구별되는 Nomos的인 것의 모습이다.

우리들의 살아가는 內容은 이 같은 Sitte的인 것으로서 우리들 스스로의 表現으로서의 뜻을 가지는 것이 이 때문이다. 우리들의 살아가는 일은 人間으로서의 Sitte를 形成하는 일이고 더 자세히는 한 사람 한 사람의 Sitte를 形成하는 일이라고 할 수 있다. 여기서 Sitte란 하나의 **으로 보아 마땅할 것이다.

二

自然에도 自然 그 자체의 모습이 있기는 하다. 山容水態란 말이 있는 것과 같이 산의 모습과 물의 자태가 없는바 아니다. 산은 산대로 솟이 있고 물은 물대로 흐르고 있고, 산도 金剛山의 모습과 太白山의 모습이 같지 않고 물도 漢江의 자태와 洛東江의 자태가 다르다. 비단 산과 물 뿐이랴. 풀은 풀대로 나무는 나무대로 산비탈은 산비탈대로 틴 벌은 틴 벌대로 각각 자기들의 빛과 생명을 놓고 있다.

그런데 산이나 물은 자기를 새로운 자기로 만드는 것이 아니고 만든다고 해도 만들려고 하는 또 만들어야 하는 方向으로 만들어가는 것이 아니고 말하자만 만들어지고 있는 것이니 이 만들어지는 自然과 스스로를 만드는 人間과의 사이에는 重大한 距離가 있다고 아니할 수 없다. 自然이 자기를 만드는 것은 자세히는 만드는 일이 아니고 만들어지는 일이기 때문에 산이 소낙비로 해서 사태가 나고 나무가 暴風 때문에 쓰러졌다고 해서 그것이 산이나 나무의 잘못이 아니다. 그런데 사람은 자기를 만들고 만들되 바로 만들어야 하기 때문에 또 그렇게 하기 위해서 理性과 情熱이 주어진 것이기 때문에 앉을 때 앉지 않고 설 때 서지 않고 맺은 약속을 지키지 않고 맡은 責任을 다하지 않는 것이 잘못인 것이니 「잘못」은 본래 人間과 함께 이 地上에 生誕된 것이라고 할 수 있다.

우리들의 목숨이란 살아가는 內容이요 살아가는 內容이란 먹고 자고 일하고 생각하고 하는 日常性의 連續이다. 새 世代의 道德

은 이 같은 日常性에 關聯되고 또 이것을 높이는 것이 되지 않아서는 안 된다. 목숨을 맑히고, 목숨을 높이고, 목숨을 튼튼하게 하고, 목숨을 빛나게 하고—이 일을 위하여 堅決히 싸워 나가는 것이 다름 아닌 道德이다. 道德은 어느 意味의 싸움이거니와 이 싸움은 어디까지나 우리들 자신에 대한 싸움이 되어야 하고 자세히는 우리들 자신의 動作 하나하나, 態度 하나하나, 表現 하나하나, 마음가짐 하나하나에 대한 싸움이 되어야 한다.

오늘의 우리 民族의 氣象이 얼마나 얕아지고 비뚤어진 것일까. 거리를 걸어가는 사람들의 얼굴이 대개로 蒼白하고 풀이 없어 보이는 것은 먹지 못한 탓과 全體로서 받는 苦難 때문이려니와 따뜻하고 정답고 高貴한 얼굴이라고는 없고 교만하거나 찡그렸거나 거짓되거나 亂暴하거나 한 것이 무엇 때문일까. 古朝鮮의 너그럽고 착함과, 高句麗의 씩씩하고 雄大함과, 新羅의 빼어나고 향기로움과, 高麗의 흔들리지 않고 꿋꿋함이 李朝를 거치는 동안에 산산이 부서지고 깨어져 그 대신 오늘의 병신 된 性情과 썩은 氣風을 물려받은 것이니 이것을 물리치고 이것을 바로잡고 이것을 쓰러트리고 이것을 바꾸어 놓기 전에 우리들은 우리 겨레의 새로운 道德을 세울 수는 없을 것이다.

一九四五년의 民族의 解放은 우리에게 새로운 希望과 感激을 가져왔던 것이다. 이 希望과 感激이 그대로 持續되었다고 하면 우리 民族의 生活과 氣風에는 偉大한 維新이 있었을 것이다. 거짓을 꾸미고, 서로 속이고, 秩序가 없고, 남을 謀陷하고, 게으르고, 破壞하고, 浮華 放縱에 흐르고, 貪慾 亂逸에 떨어지고—이 모든 惡德이 없어지고 그 대신 우리 속에 잠자던 본래의 光明正大한 氣象이 씩씩하게 일어섰을 것이다.

그런데 그렇지가 못했다. 우리들은 우리 民族의 倫理를 세우는 일에 있어서 失敗했던 것이다. 오늘 우리國民의 上下를 휩쓰는 저

썩은 風潮는 그 淵源하는 바 자못 오래고 깊은 것으로서 성난 물결처럼 우리 國土를 삼키려고 하여 都城과 農村에 퍼지고 學園과 家庭에 몰려들어 滔滔한 濁流－ 民族的 生命의 本源을 결딴내려는 形勢에 이르렀다. 우리나라에 있어서 政治도 시급하고, 經濟도 시급하고, 文化도 시급하고, 國防도 시급하고, 敎育도 시급하고, 어느 하나 시급하지 않은 것이라고는 없다. 그러나 가장 시급한 것이 겨레의 새로운 氣風을 일으키는 일이요 여기에 의하여 民族의 새로운 道德을 세우는 일이다.

우리들은 지금 무엇을 해야 할 것일까. 그리스도 안에 있는 者는 새로 만들어진 者라는 말이 있거니와 우리들은 心情과 生活에 있어서 전연 거듭나는 자가 되지 않아서는 안 된다.

三

우리들의 흩어진 日常性을 바로 세우는 일이, 거기에서 벗어나서 生活의 새로운 타입을 確立하는 일이, 새로운 道德을 일으키는 英勇한 進展이 될 것이다. 姿勢를 바로 하고, 말(表現)을 바로 하고, 시간을 바로 지키고－이것이 민족의 새로운 氣風의 建立을 위하여 우리들이 취해야 할 길이다. 아－ 우리들의 얼굴 表情 몸 姿勢 서고 앉고 걷고 하는 動作이 얼마나 거칠고 비꼬인 것일까. 괴테(Goethe)가 아름다운 人間의 마음을 發見하는 것은 한개 커다란 收穫이 된다고 했거니와 오늘의 우리들 사이에 있어서는 아름다운 人間의 姿勢를 發見하는 것은 진실로 한개 빛나는 收穫이 아닐 수 없다. 우리말은 부드럽고 따뜻하고 아름답고 정답다. 그런데 이 맑고 高貴한 말이 이쯤에 와서 심히 거칠게 顚落되고 있다. 우리 젊은이들이 즐겨 쓰는 말 가운데에는 低俗하고 輕薄한 表現이 자꾸만 늘어가고 있는 것을 볼 수 있다. 우리들은 원체 말을 지나치게 浪費 또는 濫費하기도 한다. 지나친 弄談 쓸데없는 雜談을 집어 치워야 하지마는 여럿이 이야기 할 때는 그 話題를 가리지 않아서는 안 된다. 남을 흉보고, 자기를 뽐내고, 남의 말가지를 따고, 남의 말을 채어가고, 웃어른의 말대답을 하고, 동생이나 아랫사람에게 거친 말을 쓰고, 會議같 은 데서 發言을 獨占하려고 하고, 이상한 表現을 해서 남의 注意를 끌려고 하고-이 모든 일을 우리들은 삼가지 않아서는 안 된다. 時間에 대한 觀念이 부족한 것은 그리고 이 弊端을 是正하기 위한 計劃과 熱意가 부족한 것은 民族 및 國家에 대한 重大한 罪惡이라고 할 수 있다. 자기 時間도 浪費하고 남의 時間도 손해내고. 一定한 時間에 자고 一定한 時間에 일어나야 하거니와 온 國民이 일찍 일어나고 일찍 일을 시작하는 習慣을 길러야 하고 별로 볼일 없이는 남을 찾아가지 말아야 하고 또 갔어도 오래 앉아 있지 말아야 할 것이다. 集會 때에는 開會와 閉會 時間을 반드시 지키도록 하고 集會를 여는 이들은 一定한 時間에 會議가 끝나도록 미리 計劃을 세우고 또 그렇게 進行시켜야 할 것이다. 時間을 尊重하는 一大 國民運動을 일으켜야 할 것이다. 우리들 자신의 게으름 때문에 個人 및 民族이 받는 有形 無形의 損害가 얼마나 큰 것일까. 三○年戰爭의 戰禍로 해서 國土가 잿밭이 되어버린 獨逸이 다시 일어서기에 이른 것은 全國民이 一分一秒를 다투어 祖國의 再建 復興에 힘쓴 탓이었다.

우리들은 우리들의 흩어진 日常性을 바로잡아 廣汎 또 堅實한 民族의 새로운 氣風 氣象을 일으키는 일이 民族의 가장 시급한 責務인 것을 알아야 할 것이다. 이렇게 하는 것이 民族의 새로운 道德을 세우는 진실한 地盤이 되고 民族을 새로운 道德에 이끄는 것이 민족을 死滅에서 救援하는 唯一한 길이 되기 때문이다.

宗 敎

一

宗敎에 關한 人間의 思惟 反省은 모든 學問 中 가장 오랜 것의 하나이면서도 이 오랫동안 그것은 참된 宗敎哲學이 되어 나타나지는 못했다. Platon 및 Plotinos 以來 많은 哲人들은 誠實한 努力으로써 超感覺的 超世界的인, 神的인 眞理를 찾아왔지마는 實際의 宗敎는 理解되지 못했다. 그들이 確固한 根據를 주려고 힘쓴 宗敎는 그들의 思惟 속에 있는 觀念으로서의 宗敎로서 社會的 歷史的으로 나타나고 또 實際로 많은 사람들의 마음을 支配하고 있는 信仰과는 같은 것이 아니었다. 그들은 理想으로서의 敎養的 宗敎를 세우려고 한 것이었는데 이와 같지 않은 積極的 宗敎의 事實과 價値를 承認하고 여기에 依據하여 宗敎에 대한 根源的 解明에 나윈 것은 Schleiermacher 그 중에도 Schleiermacher의 功績이 컸다. 그에게 依하여 抽象的인 宗敎觀念을 哲學的으로 다루는 것이 아니고 산 事實로서 있고 또 發展하는 生活範圍면서 그 자신의 獨立性을 가지고 있는, 宗敎 自體에 대한 哲學的 考察 맏을 바꾸면 바른 宗敎哲學이 일어난 것이다.

宗敎는 오랫동안 理論理性의 見地 아래 卽 認識으로서 다루어졌다. 그 뒤 宗敎의 中心이 實踐理性의 範圍에 옮기어오는 데 미쳐 여기에 依하여 宗敎에 一種의 道德이라고 하는 特徵이 주어졌다. 나중으로 宗敎의 故鄕은 美的 理性의 世界에 있는 것이라고 하여 이리하여 宗敎는 하나의 感情狀態로서 理解되려고 했다. 그런데 이 같은 學的 認識도 아니고 美的 適意도 아니고 道德的 實踐도 아닌 宗敎란 어떤 것일까.

宗敎는 人間이 자기를 나중으로 最後究竟의 實在에 關聯시키는 思想 및 感情이라고 할 수 있다. 絶對者에 대한 人間의 關係 또는 態度 속에 宗敎가 成立된다. Kant에 依하면 宗敎는 우리들의 義務를 神的인 命令으로 認識하는 일이었다. Schleiermacher는 宗敎를 순연히 感情 위에 세웠다. 「感情에 있어서 우리들을 움직이는 모든 것을 그 자신의 最高의 統一에 있어서 느끼는 일, 그리고 모든 個別的인 것 特殊的인 것은 오로지 여기에 우리들의 存在와 生을 神의 안에 있어서의 또 神에 依해서의 存在 및 生으로 느끼는 일, 이것이 곧 宗敎다」 Hegel에게 있어서는 宗敎는 絶對精神의 自意識 또는 神的 精神이 有限한 人間精神을 媒介로 하고 자기 스스로를 아는 일이었다.

사람들은 宗敎를 自然宗敎, 律法宗敎 및 救濟宗敎에 區別한다. 自然宗敎는 自然의 威力 속에 神들이 있다고 보고 律法宗敎는 神의 誡命에 대한 順從을 要求하고 救濟宗敎는 神의 사랑 속에 돌아오기를 가르친다. 宗敎의 本質, 確信 및 課題에 關하여 Kant는 아래와 같이 생각했다.

1. 宗敎의 本質은 自然 및 人間의 運命 위에 때때로 影響하는 超自然的인 어떤 存在 같은 것에 대한 信依가 아니고 自然 및 歷史 속에 자기 스스로를 드러내는 神, 卽 善을 위하는 全能的인 意志에 대한 信仰인 것이다.
2. 宗敎의 確證은 奇蹟, 啓示 같은 歷史的인 事實이 아니고 우리들 자신 속에 있는 道德律 또는 最高善을 志向하는 意志인 것이다.
3. 宗敎의 課題는 이 地上 또는 來世의 어떤 커다란 힘에 우리들의 意志나 理性을 隷屬시키는 일이 아니고 우리들 자신 속에 있는 善에로 向하는 意志를 堅固케 하는 일인 것이다.

칸트의 이 같은 見解는 오늘에 있어서도 依然히 宗敎哲學의 바른 方向을 指示하는 것이라고 할 수 있다.

二

宗敎는 現世的인 것에 대한 超現世的인 것을 設定하고 여기에 最高의 價値를 주어 이것을 根據로 하고 現世的인 것, 經驗的인 것에 全然 絶對의 價値를 許諾치 않는다. 超世界的, 超感覺的 高次의 實在에 대한 關係가 宗敎的 事實의 根本特質이리라. 宗敎가 現世의 紛糾를 보다 높은 超越的 世界에 있어서 解決하려고 하는 것은 이 때문이다. 現世 및 人間에 대한 有限性의 自覺이 우리들을 宗敎에 이끈다. 그렇기 때문에 宗敎的 態度는 現世 肯定이 아니고 現世 否定, 現世 超克에 나가지 않아서는 안 된다. comtemtus mundi, amor christi란 말이 있거니와, 이 現世的인 것에 대한 堅決한 否定이 宗敎의 出發이 아닐 수 없다. 世界 및 人間의 現實은 그대로 有限性 無常性의 連續이다. 그 속에 때로 眞과 善과 美가 있다고 하더라도 그것은 진실로 연약한 또 不完全한 眞善美로서 理念으로서의 眞善美에서 멀리 떠난 것이라고 아니할 수 없다. 그런데 世界 및 人間의 現實 속에 언제나 墮落과 轉滅과 無常性이 재빠르게 들어와 길들이고 우리들 하나하나의 속에서는 惡과 罪와 死가 언제나 쉬지 않고 꿈틀거리고 있다. 이 같은 地上的 現世的인 것에 대한 體驗이 깊으면 깊을 수륵 여기에서 벗어나려는 解脫 救拯에 대한 要求가 한층 더 熾烈하게 일어나는 법이다. 이리하여 永遠한 것에 대한 憧憬과 愛慕는 마침내 「全 世界를 얻더라도 生命을 잃으면 무엇이 有益하랴」, 「神의 품에 돌아와 안길 때까지는 나는 아무 곳에 있어서나 安穩할 수 없다」라는 宣言 및 告白으로 나타나기에 이른다.

그런데 이 宗敎的 事實의 根本狀況이 다름 아닌 神聖性이다. 宗敎는 이 神聖性에 대한 人間 자신의 歸屬感情이라고 할 수 있다. 무엇에서나 이 神聖性을 느끼는 사람이 모두 宗敎的이라는 것은 이 때문이다. Kant는 道德律은 絶對者의 意志에 있어서는 神聖性의 法則이지마는 有限한 理性者의 意志에 있어서는 언제나 義務로 課해지고 따라서 尊敬 Achtung에 依해서 規定되는 法則이라고 했다. Schleiermacher는 神聖性없는 神의 觀念은 宗教가 아니라고 했고 Windelband는 聖을 가르쳐 眞善美를 包含하고 다시 그것을 넘어서는 것이라고 했다. 神聖性, 聖스러운것이란 무엇일까. 聖스러운 것은 眞善美와 같은 단순한 價値 또는 理念이 아니다. Platon은 Idea의 Idea, 最高의 Idea로서 善의 Idea를 들었거니와 聖스러운 것은 이 같은 단순히 理念에 그치는 것이 되어서는 안 된다. 聖스러운 것은 그 자신 實在가 아닐 수 없다. 實在라고 하더라도 우리들의 感覺에 주어지는 經驗的인 것이 아니고 一切의 經驗의 限界를 멀리 넘어서는 最後 究竟의 實在, 高次의 實在가 되어야 한다. 그런데 이 같은 高次의 實在로서의 聖스러운 것은 그 자신 絶對의 善, 絶對의 義로서 모든 것을 이끌고 모든 것을 밝히고 모든 것을 바로 잡는 最高의 善, 最高의 義의 根源이요 作用이요 場所인 것이다.

三

칸트는 이 聖스러운 것을 善에 있어서 생각했다. 그에 依하면 意志가 完全히 道德律에 들어맞는 일, 이것이 神聖性이다. 基督教는 이 聖스러운 것이 義와 愛와 恩寵에 있어서 드러나는 것이라고 했다. 神의 義, 神의 사랑, 그리고 神의 恩寵이 그대로 聖스러운 것으로서 그리스도 자신 「아버지는 나보다 크다. 하늘에 계신 아버지 외에 聖스러운 者가 없다」고 가르쳤다. Schleiermacher는 聖스러운 것을 畏敬해야 할 것으로 붙잡았다. 그에 依하면 聖스러운 것이란 멀리 아득한 神秘에 쌓인 것으로서 거기에는 두려움과 함께 祝福됨이 아울러 어린다고 했다.

聖스러운 것은 一切의 實在, 一切의 價値를 넘어선다. 實在면서 實在를 넘어서고 善이요 義면서 善과 義를 넘어서고 사랑 및 恩寵이면서 사랑 및 恩寵조차를 넘어서는 絶對의 實在요 絶對의 힘이요 絶對의 作用이요 絶對의 빛 絶對의 生命 그리고 絶對의 두려움인 것이다. 아득함과 두려움, 超絶과 畏敬. 이것이 聖스러운 것의 풍기는 냄새요 그 에워싼 구름이라고 할 수 있다. 그렇기 때문에 聖스러운 것은 가까우면서 멀고, 고마우면서 두렵고, 손에 닿을 것 같으면서 아득하게 떨어져 있는, 이리하여 모든 것을 안고 모든 것을 높이고 모든 것을 넘어서는 久遠한 힘이요 사랑이요 役事다. 이 같은 聖스러운 것에 대한 우리들의 오직 하나의 바튼 態度가 다름 아닌 敬虔이다. 敬虔이 宗敎的 生活 및 그 感情의 根幹이요 徵表다. 敬虔이 빠질 때 一切의 宗敎的 儀式 및 그 組織은 하나의 헛된 形式, 애처로운 장난에 떨어진다. 聖스러운 것은 一切의 現實 및 理念을 넘어서는 超絶的인 것으로 그렇기 때문에 넉넉히 또 堅固하게 世界 및 人生의 最後의 根據가 될 수 있고 또 되지 않아서는 안 된다. 宗敎는 이 聖스러운 것에 대한 依屬이요 順命이요 歸還에 지나지 않는다.

宗敎는 超世界的 超經驗的 實在에 대한 人間의 關係였다. 이 같은 絶對者로서의 神은 信仰의 對象이요 認識의 對象이 아닐 것이다. 그런데 사람들은 神에 대한 信仰과 神에 대한 認識에 대하여 그 보는 바를 달리 한다. 神과 그 사랑을 바로 알아야 거기에 자기를 바치는 信仰이 일어난다고도 하고 神과 그 사랑을 믿고 거기에 돌아가는 데 依해서 뿐 神에 대한 認識이 얻어진다고도 하고. 「不合理하기 때문에 나는 믿노라」(Credo quia absurdum est)라는 Tertellnianus의 有名한 말이 있거니와 Augustinus는 「알기 위하여 믿고, 믿기 위하여 안다」고

하여 이 信과 知를 하나에 連結시키려고 했다. Schleiermacher는 宗敎의 本質을 「絶對 依屬의 感情」(Schlichthinnige Abhängigkeitsgefühl)에 찾아 信仰의 知識으로부터의 獨立을 主張했다.

칸트는 「純粹理性批評」 속에서 神의 存在에 關한 證明이란 것을 批判했고 그것을 쓸데없는 일이라고 하여 물리쳤다. 그에 依하면 神의 存在를 證明하는 일이 대견한 일이 아니라, 神에게 돌아가는 일이 한층 더 대견한 일이기 때문이었다. 宗敎의 眞理 및 그 敎義는 그것이 數學의 定理와 같이 證明된다고 해서 이 證明이 곧 宗敎가 되는 것은 아니다. 그 對象이 規定되지 않는 것이 敬虔感情의 特徵으로서 이 性質이 對象에 神秘를 주는 것이고 이 神秘없이는 宗敎란 것이 있을 수 없기 때문이다. 그렇기 때문에 科學은 그 認識으로부터 獨特한 宗敎를 構成하려고 하는 일을 警戒하지 않아서는 안 된다. 成立宗敎 역시 마찬가지로서 完全히 證明되어 마칠 수 있는 敎義를 만들어 놓는 일을 警戒하지 않아서는 안 된다.

四

宗敎的 信仰의 對象으로서의 神은 Platon의 「善의 이데아」나 Kant의 단순한 「實踐理性의 要請」 같은 것이 되어서는 안 된다. 神은 高次의 實在이고 이 神의 實在는 나아가 高次의 事實인 것이다. 理念이나 要請이 아무리 높고 아름답고 完全하다고 해도 우리들은 거기에 우리들 자신의 全存在를 맡기게는 되지 못한다. 實在의 神은 그대로 人格의 神이다. 이 人格的인 일이 神의 本質의 가장 重要한 內容일 것이다. 神은 이것을 우리들이 「당신」이라고 부를 수 있고 우리들의 물음에 應答하고 또 우리들이 그 가슴에 돌아가 안길 수 있는 것이 되어야 하기 때문이다. 宗敎는 이 絶對

者로서의 神과의 우리들의 人格的인 關係다. 예수가 神을 아버지라고 부른 것이 人類의 歷史, 神信仰의 歷史에 있어서 한개 偉大한 發見이라고 하거니와 이 아버지로서의 神이 다름 아닌 人格의 神인 것이다. 人格의 神이 그대로 사랑의 神이다. 사랑이 神의 內容이요 힘이요 意志요 作用인 것이다. 神이 본래 사랑의 神이기 때문에 神에 돌아가는 關係로서의 宗敎는 마땅히 또 언제나 사랑의 宗敎가 되어야 할 것이다. 宗敎의 가르치는 모든 誡命이 그리고 그 이끌어가려는 究竟의 指標가 이 사랑의 神을 사랑하는 일, 사랑의 神의 사랑을 본받고 그것을 堅決히 드러내는 일에 그치는 것은 이 때문이다.

칸트는 絶對者를 實體아닌 主體로 體驗했다. 그는 信仰이 첩경 거기에 떨어지기 쉬운 狂信과 擬人觀을 힘써 물리쳤다. 그에 依하면 絶對者가 우리들의 感覺에 주어지지 않는 것은 깊은 뜻을 가지는 것으로서 神이 그 자신 主體요 作用임을 보이는 일이었다. 「神은 사랑이라(Theos agape estin)」라고 한 요한 一書의 저 有名한 말이 있거니와 이 말은 神은 사랑인 根源的 作用이라고 解釋되는 것이 許諾될 수 있을 것이리라. 神은 이 久遠한 作用, 사랑인 것이다. 「사랑 속에 있는 자는 神을 알고 神 속에 있는 자는 사랑을 안다」고 요한 一書의 著者는 말을 繼續하거니와 이 「神은 사랑이라」라는 謙遜한 句節은 人類의 全信仰史를 通하여 진실로 神에 대한 가장 深遠한 體驗의 記錄이라고 할 수 있다.

이 高次의 實在, 高次의 事實인 神 및 그 사랑에 대하여 現實의 世界와 現實의 人間은 너무도 떨어져 있는 것이다. 現實의 世界 및 人間은 神의 聖스러운 秩序에서 단순히 떨어져 있는 것이 아니라, 神의 聖意를 거슬려 거기에 反抗하고 거기에 反逆하여 그 때문에 世界의 苦와 根本惡 속에 轉落된 것이라고 조차도 할 수 있다. 地上的 存在의 轉滅性, 動物生活의 殘忍, 人間世界의 害惡, 모든

種類의 苦痛・逼迫・不幸・恐怖・災難－이 모든 것은 地上의 生活에 따르는 本質的 制限으로서 여기에서 벗어나야 하는 것은 우리들의 實踐的 確信이요 겸하여 希望인 것이다. Paul은 人類뿐만이 아니고 모든 被造物이 이 轉落된 狀態로부터 救援되기를 애처롭게 願하고 있다고 그의 로마人書 속에서 아름답게 叙述했거니와 이 救拯은 물론 人間 자신의 힘에 依하여 이루어질 바 아니다. 救援되어야 할 人間에게, 그리고 救援될 아무런 힘도 보람도 없는 人間에게 위에로부터의 神의 恩寵이 내린다. 여기에 기다리고 바라면 救援의 길이 열린다. 이 神의 恩寵에 依하여 人類가 그 떨어져 있는 罪와 死의 現實로부터 救援된다는 것이 새로운 消息, 福音에 지나지 않는다. 이 같은 救濟信仰은 宗敎의 한 根本內容으로서 모든 生命있는 宗敎는 이것을 세우고 이것을 지키는 데서 그 자신 살아가고 있다. 救濟信仰을 버리는 것은 神을 否定하는 것과 한 가지로 宗敎 그 自體를 廢棄하는 일이 되기 때문이다.

法 話

德

一

나는 내 목숨이 지극히 적고 하염없음을 안다. 여름밤에 수풀 속에서 반짝이는 조그만 반딧불. 이 반딧불 중에 하나가 내 목숨일 것이다. 그런데 이 조근만 螢光 주위에는 어두운 수풀이 있고 무서운 古木이 있고 축축한 大氣가 있고 그리고 밤하늘이 이것을 내려다보고 있을 것이다.

아― 조그만 나, 하염없는 나…… 이것이 어디서 와서 어디로 가나, 또 무슨 뜻을 지닌 것일까. 남이 보기에 내 목숨은 지극히 심상하고 예사롭고 아무것도 아닐 것이다. 그러나 내게는 이것이 다시없는 나, 둘도 없는 내 목숨인 것이니 이것을 소중히 보존하고 아름답게 가꾸는 일이 내 목숨에 대한 그리고 목숨을 내게 빌려준 者에 대한 道理일 것이다.

나는 내 목숨이 이루 헤아릴 수 없는 衝動의 體系임을 안다. 먹고 싶고 마시고 싶고, 놀고 싶고, 지껄이고 싶고, 많은 물건이 가지고 싶고, 높은 地位에 앉고 싶고, 사나운 愛情에 안기고 싶고, 떨치는 名聲 속에 쌓이고 싶고…… 이렇게 함으로 해서 내 목숨이 불어나가고 번창해 나가는 것같이 보인다. 아닌 게 아니라, 잘 먹고 잘 입는 사람을 가리켜 잘산다고 하고 많이 가지고 높은 자리에 앉은 사람을 일컬어 成功했다고 한다. 그런데 과연 그런 것일까.

목숨에는 목숨의 보람이란 것이 있어야 한다. 단순히 퍼지고 흥성흥성함은 목숨의 보람이 되지 못할 것이다. 크고 길고 굵고 부르터오름이 목숨의 보람이 아니고 깊고 幽玄하고 향기롭고 아로새김이 있어야 할 것이니 흐림이 아니고 맑음, 虛妄함이 아니고 깨달음이 목숨의 바탕이요 眞理이기 때문이다. 단순한 延長－단순한 膨脹이나 增大는 목숨에 대한 頑冥한 辱이요 罰인 境遇조차 있는 것이다. 우리들은 목숨 속에 길들이는 본래의 것과 본래의 것 아닌 두 적과를 구별하여 써 목숨의 보람을 세우기에 힘쓰는 者가 되어야 할 것이다.

二

希臘사람들은 arete란 말을 썼다. 맛이란 뜻이다. 모든 것은 각각 자기의 arete맛이란 것을 가지고 있다. 짠맛은 소금의 맛이고 밝은 빛은 촛불의 맛이고 보는 일은 눈의 맛이고 네 굽을 안어 달림은 말의 맛이고…… 그것이 없이는 그것이 못 되는 것이 그것의 맛일 것이다.

사람에게도 그리고 사람에게야말로 맛이 있어야 할 것이다. 그런데 이 사람의 맛이란 무엇일까. 그것이 없이는 마침내 사람일 수 없는. 사람의 형상을 썼다고 만해서 사람은 아닐 것이다. 생각하는 머리가 있고 중얼거리는 입이 있다고만 해서 사람은 아닐 것이다. 차라리 눈이 하나 없고 한편 팔이 떨어졌다고 해도 사람으로서의 맛이 그에게 있을 때 비로소 사람됨을 얻는 것이니, 이 맛이 사람의 얼이요 혼이요 고도리일 것이다.

論語에 「富潤屋 德潤身」이란 말이 보였다. 넉넉함이 사는 집을 潤澤하게 하고 德이 그 사람의 몸을 光彩나게 한다는 뜻이다. 이 같은 德이 사람의 맛일 것이다. 父母에게 孝하고 兄弟 서로 友愛함이 德일 것이다. 남을 용서할 줄 알고 자기에게 이겨 禮에 돌아옴이 德일 것이다.

자기 속에 깊이 佛性을 보고 사나운 波濤같이 밀어 오르는 마음의 激浪 속에 흔들리면서도 꾸준히 本心 本地에 돌아오는 것이 德일 것이다. 사람에게 맡겨진 理性의 목소리에 따라 자기를 들어 이 理性의 嚮導에 맡김이 德일 것이다. 하늘아버지의 聖意를 받들어 지극한 사랑과 公義 속에 있으면서 이 세상의 유혹과 사탄의 시험을 견결히 물리치는 것이 德일 것이다.

자기의 유익을 구하는 것은 德이 되지 못할 것이다. 교만하고 뽐내는 것은 德이 되지 못할 것이다. 질투하는 것은 德이 되지 못할 것이다. 무례히 행하는 것은 德이 되지 못할 것이다. 虛妄스러움과 固執 속에 있는 것은 德이 되지 못할 것이다. 感情과 氣分과 感覺的 衝動에 사로잡히는 것은 德이 되지 못할 것이다. 남을 헐고 짓밟고 올라서려는 것은 德이 되지 못할 것이다. 게으르고 음란하고 놀기를 좋아하는 것은 德이 되지 못할 것이다. 거짓말을 하고 들어 넘기고 하는 것은 德이 되지 못할 것이다. 자기 눈앞에 매어달린 利益을 위하여 꾸역꾸역함은 德이 되지 못할 것이다.

三

내가 이 세상에 온 것은 해야 할 일이 있어서 온 것이다. 그렇기 때문에 내가 여기에 온 것이 아니고 여기에 보내어진 것이라고 할 수 있다. 먹고 자고 하는 일은 이 해야 할 일이 아니고 해야 할 일을 위해서 맡겨진 일에 지나지 않는다. 눈은 보고 귀는 듣거니와 이 보고 듣는 일 자체가 目的이 아니고 그 일을 위해서 보고 그 일을 위해서 들어야 하는데 보고들음의 근본 뜻이 있다고 할 것이다.

내게는 내게 맡겨진 짐이 있을 것이다. 그 때문에 먹고 그 때문에 자고 그 때문에 보고 듣고 하는. 이 내게 맡겨진 짐이 무엇일까. 돈을 모으고 財産을 일으키는 일은 그 일 자체로서는 내게 맡겨진 짐이 아닐 것이다. 知識을 넓히고 技術을 배우는 일은 그 일 자체로서는 내게 맡겨진 짐이 아닐 것이다. 책임 있는 자리에 앉고 떨치는 名聲 속에 있는 것은 그 일 자체로서는 내게 맡겨진 짐이 아닐 것이다. 돈이나 知識이나 地位 같은 것은 그것이 한때 내게 편한 것 같이 보이거니와 많은 虛妄스러움이 여기에 따라오고 또 바람에 날아가는 가랑잎같이 언제 어느 모양으로 사라져 없어질 것인지 모르기 때문이다.

우리들의 할 일은 善을 심고 德을 세우는 한 가지 일에 그친다. 사람이 善을 행하는 일 외에 神을 기쁘게 할 수 있는 일은 없다는 말이 있거니와 善을 생각하고 善을 행하고 善에 있어서 굳건히 서기 위해서 우리들이 이 세상에 온 것이라고 할 수 있다. 사람은 그 몸이나 생각이 매우 짧고 부족하여 서로서로 남의 도움을 받게 생겼거니와 이것은 이 부족한 몸과 생각을 通하여 우리들 사이에 서로 돕고 일으키는 사랑이 이루어지기 위해서일 것이다.

聖書에는 어진 사마리아 사람이란 아름다운 이야기가 보였다. 남을 돕는 것이 善일 것이다. 남의 곤란함을 헤아리는 것이 善일 것이다. 남을 위하여 자기를 바치는 것이 善일 것이다. 자기의 이로움과 편함만을 탐하지 않는 것이 善일 것이다. 자기 아닌 남에게서 자기 스스로의 얼굴을 보는 것이 善일 것이다. 밖엣 物慾에 나가지 않고 견결히 본래의 마음자리에 돌아오는 것이 善일 것이다. 자기 조그만 목숨을 蒼茫한 衆生을 위하여 바치는 것이 善일 것이다. 이 같은 善을 심고 義를 세워 써 莊嚴한 佛土를 이룩하는 것이 우리들이 이 세상에 온 근본 까닭일 것이다.

四

菩薩에게는 걱정이 없거니와 근심이 있고 서름이 없거니와 슬픔이 있다. 왜 그런 것일까. 우리들은 각각 자기가 있다고 한다. 그런데 이 나는 나 스스로의 方式에 따라 끊어진 나와 연달은 나에 갈린다. 딴딴한 소라껍질 속에 조그만 자기를 가두운 것은 끊어진 나고 바닷물과 大氣와 바람과 푸른 하늘에 자기를 열어 놓은 것은 연달은 나인 것이다. 菩薩은 끊어진 나가 아니고 연달은 나다. 菩薩에게는 나와 남이 연달은 하나인 나로 경험되고 나 아닌 남을 바로 세우는 일이 그대로 자기로 바로 세우는 일에 나아가는 것이다.

나는 내가 家庭 속에 있음을 안다. 나는 내가 겨레 속에 있음을 안다. 나는 내가 衆生 속에 있음을 안다. 나는 내가 아득한 被造物 속에 있음을 안다. 家庭에서 나를 떼어놓아 나만이 幸福하려는 것이 끊어진 나일 것이다. 겨레에서 나를 떼어놓아 나만이 幸福하려는 것이 끊어진 나일 것이다. 衆生에서 나를 떼어놓아 나만이 幸福하려는 것이 끊어진 나일 것이다. 아득한 被造物에서 나를 떼어놓아 나만이 幸福하려는 것이 끊어진 나일 것이다. 菩薩은 그렇지가 않다. 나와 家族, 나와 겨레, 나와 衆生, 나와 被造物이 연달은 하나임을 알고 그것들과 떠나서 그것들을 헐고 不幸하게 하면서 자기 스스로 幸福될 수 없다고 느끼고 또 꾸준히 이 堅强한 自覺 속에 돌아오는 것이 菩薩일 것이다.

오늘 우리들은 지나치게 알알이 헤어졌다. 알알이 헤어져 등상에서 굴러 떨어지는 조그만 알 하나만을 자기로 알고 자기들이 본래 한 씨에서 나왔고 한 흙 속에 싸였고 같은 이슬을 맞았고 같은 地面에서 무성했고 같은 그릇에 담겼고 이제 또 종당 같은 길을 걸어가게 될 것임을 모른다. 우리들은 딴딴한 소라껍질 속에 자기를 가두는 일을 그치고 바닷물과 大氣와 바람과 푸른 하늘 아래 나와야 할 것이다. 답답스럽게 끊어진 내가 아니고 아름답게 연달은 나로 자기를 再發見 再建立해야 할 것이다. 이 같은 연달은 내가 되기 위해서는 자기가 그 속에 있는 蒼茫한 衆生을 위하여 자기를 바치는 자가 되어야 할 것이다. 사랑은 사랑하는 것을 위하여 자기 스스로를 바쳐 이것을 섬기는 일이라는 말이 있거니와 이웃을 위하여 겨레를 위하여 우리들이 菩薩의 願과 行을 본받을 때가 돌아왔다.

照 光

一

내 속에는 분명히 두 개의 傾向이 서로 밀고 자어치고 대어들고 한다. 부단한 誘惑과 부단한 拮抗과 부단한 擊驤과 …… 흘러가는 물같이 한 方向으로만 흘러가고 저무는 黃昏같이 한 가지 빛깔 속에 쌓인다고 하면 답답하고 호젓은 하려니와 차라리 단순하고 편할지 모른다. 그러나 내 안의 光景 내 안의 構造는 單一하고 單調하지가 않다. 어디까지든지 複數요 複合이요 浮沉이요 起伏이요 사나운 물결이요 아질아질한 소용돌이인 것이다.

바울은 로마인書의 感懷깊은 叙述 속에서 사람의 이 內面의 葛藤을 놀라운 솜씨로 그렸다. 우리들 속에서 서로 밀어 오르고 자어치고 하는 두 갈래의 물줄기는 아마 人間의 永遠한 現實일 것이다. 하고 싶은 일이 하고 싶은 일이면서 하고 싶지 않고, 하고 싶지 않은 일이 하고 싶지 않으면서 하고 싶고. 여기에 人間의 어떻게 할 수 없는 運命과 그 限界狀況이 놓인다고 할 수 있을 것이다.

그런데 良心이란 우리들 속에 있는 이 두 물줄기 사이의 자어치는 소리일 것이다. 우리들 속에 두 傾向 두 方向이 없이 한편으로만 그것도 마치 아래로 떨어지는 돌 마냥 떨어지게만 되었다고 하면 거기에는 소리 없는 落下가 있을 뿐이요 서로 두 줄기가 부딪치는 사나운 激動과 爆音이 있을 수 없을 것이다.

良心이란 우리들 속에서 터지는 爆音, 그 뿜어 오르는 光芒일 것이다. 獨立宣言書에는 「良心이 我와 同存하며 眞理가 我와 倂進하는 도다」라고 했다. 아— 이 良心과 함께 있는 生活이 얼마나 씩씩하고 우렁찬 生活일까. 우리들은 눈앞에 매어달린 조그만 과일 하나를 따고 나무 사이로 사라지는 나비 하나를 쫓아다니기 위하여 자기 속에 두 갈래의 물줄기가 있는 줄조차 모르고 헤매고 있거니와 모든 先人들의 발자취를 따라 꿋꿋이 자기의 잃어진 良心을 찾기에 힘써야 할 것이다.

二

내 밖엣 世界는 내가 서 있는 자리를 起點으로 하고 진실로 아득한 世界를 展開시킨다. 내 주위에 있는 나무와 풀과 돌이 나와 連結되어 있으면서 다시 이 펼쳐지는 空間이 星座에서 星座, 星空에서 星空을 넘어 한없이 擴大되어 나아간다.

그런데 다른 하나의 아득한 世界가 있다. 그것이 내 안엣 世界일 것이다. 내 밖엣 世界는 볼 수 있는 것에서 시작하여 볼 수 없는 것에 마치거니와 내 안엣 世界는 볼 수 없는 것에서 시작하여 다른 하나의 볼 수 있는 것에 마치려고 한다. 내 밖엣 世界를 한없이 넓은 世界라고 하면 내 안엣 世界는 한없이 깊은 世界라고 할 수 있을 것이다. 이 안엣 世界는 눈으로 볼 수 있는 것이 아니고 귀로 들어야 할 世界인지 모른다. 이 안엣 世界는 머리로 생각할 것이 아니고 全身으로 느껴야 할 世界인지 모른다.

내 안에는 캄캄한 어둠이 展開된다. 어디서 시작해서 어디서 끝나는지 모를 無邊無涯의 어둠. 아— 이 어둠이 나를 에워싸고 있는 者고 나를 떠받고 있는 胎盤일 것이다. 그런데 이 어둠은 가실 것 같으면서 가시지 않을 것 같기도 하고 가시지 않을 것 같으면서 가실 것 같기도 하다. 이 原始的인 어둠은 어둠이면서 어두운 구름 같기도 하고 검은 물빛 같기도 하고 陰酸한 大氣같기도 하다. 어떤 陰沉한 바람이 일어나는 것 같으면서 그 밑에서 금방 무서운 악어가 머리를 들고 올라올 것 같은 끄물거리는 어둡이기도 하다. 이 같은 이상한 어둠이 내 속에 있고 내가 이 어둠 속에 있는 것이다. 나는 나 자신이 어둠 속에서 기어 나오려고 하면서 그 속으로 기어들어가는 것을 느낀다.

그런데 이상한 일은 이 어둠 속에서 아니 들리는 소리가 없고 아니 올라오는 빛이 없다. 神의 世界創造 以前의 光景조차 이 속에 어리었다고 할 수 있을 것이다. 그러면서도 이 어둠은 여전히 어둠으로 남아있어 한없는 소용돌이를 그리면서 내 속에서 흐르고 있는 것이다.

三

나는 어둠 속에 있다. 한없는 어둠이 내 속에 벌어진다. 내가 어두움 속에 있고 어둠이 내 속에 있다고 하면 내가 본래 어둠이고 또 어둠에서 쫓아왔는지 모른다. 빛이 어둠에 왔건만 어둠이 빛을 몰랐다는 말이 있거니와 이 빛을 모름이 어둠의 어둠인 所以일 것이다. 내 속에도 이 빛을 모르는, 또 빛을 받아들이기를 꺼리는 性向이 뿌리 깊이 심어졌는지도 모른다.

그런데 이상한 일 한 가지가 있다. 그것은 나를 에워싸는 캄캄한 어둠 속에 그 아득한 한편 구석에 어둠 아닌 것이 깜박거리는 일이다. 아— 한줄기 빛이다. 멀리서 들여 쏘는 뵐락 말락 하는 한줄기 희미한 그러나 확실한 빛이다. 저 빛이 어떻게 되어서 이 캄캄한 어둒의 한편 구석을 들여 쏘는 것일까. 그리고 어떻게 되어서 이 어둠 속에 오래 갇혀 있는 내게 그것이 어둠 아닌 빛으로 보이는 것일까. 내 속에 있는 어둠이란 무엇이뇨. 그것이 虛妄이요 어리석음이요 고집이요 욕심이요 情慾이오 嫉妬일 것이다. 한 줄기 빛이란 무엇이뇨. 깨달음이요 眞理요 사랑이요 謙虛요 착한 마음자리요 올바른 행실일 것이다.

사람치고 처음부터 어둠 속에 있지 않는 者는 없을 것이다. 이 어둠이－虛妄과 情慾이 우리들이 거기서 살고 있는 장막일 것이다. 그러나 우리들은 여기서 벗어져 나오는 者가 되어야 할 것이다. 캄캄한 어둠 속에 있으면서 한 줄기 빛을 얻을 수 있는 것이 얼마나 다행스러운 일일까. 罪惡이 무거우면 거기에 내리는 恩寵이 한층 더 두텁다는 말이 있거니와 어둠 속에서 오래 헤매어 온 우리들이 이제 일어나 빛을 향하여, 前進할 때가 온 것이다. 겨레를 위하는 일이 빛을 향하여 前進하는 일이 될 것이다. 이웃을 돕는 일이 빛을 향하여 前進하는 일이 될 것이다. 말과 행실을 삼가는 일이 빛을 향하여 前進하는 일이 될 것이다. 방안을 깨끗이 치우고 물건을 바로 옮겨놓는 일이 빛을 향하여 前進하는 일이 될 것이다. 자기 스스로의 그릇된 習性이나 感情과 싸우는 일이 빛을 향하여 前進하는 일이 될 것이다. 사람과 물건을 부드럽게 대하는 일이 빛을 향하여 前進하는 일이 될 것이다. 자기 맡은 일에 힘과 정성을 다하는 일이 빛에 향하여 前進하는 일이 될 것이다.

四

아우구스티누스는 그의 「告白」에서 神을 讚揚하는 구절 속에서 「당신이 나를 만드셨도다. 당신이 당신께로 향해서 나를 만드셨도다.」라고 했다.

사람은 神의 뜻을 완전히 행할 수 있는 者는 못 된다. 거기에서 멀리 떠나고 그것을 배반하고 거기에 아득하게 믿지 못하는 것이 사람일 것이다. 그러므로 사람의 행하는 善行을 밑천으로 하고 사람이 자기를 救援받을 資格이 있는 者로 내어세워서는 안 될 것이다. 아— 얼마나 많은 虛妄과 固執과 연약함과 빗나감이 우리들에게 있는 것일까. 舊約 詩篇作者들이 「義로운 者가 없고나 하나도 없고나」라고 탄식 했거니와 이것은 어느 한 時代만이 그런 것이 아니고 絶對者의 눈에서 보면 義로운 者 善한 者는 사람 속에는 永久히 없을 것이다.

칸트가 人間을 무거운 짐을 진 者라고 하여 사람에게는 오직 그 앞에 無窮한 途程이 있을 뿐이요 目的에 到達하는 일이 있을 수 없다고 본 것은 바로 본 것이다. 우리들에게는 善을 意慾하고 그것을 행해야 하는 일이 짐으로 지워졌을 따름이고 그것을 완전히 遂行할 수 있는 힘이 주어진 것은 아닐 것이다.

사람이 모든 虛妄과 어둠과 그리고 惡逆 속에 있으면서도 그 方向만이 「당신께로 향한데 人間의 고마움과 높음과 빛과 希望과 榮光이 있다고 할 것이다. 사람은 惡을 행하고 또 惡을 행하지 아니치 못하는 狀況 속에 떨어져 있거니와, 사람이 惡을 행할 때 惡魔의 자식이 되는 것이 아니고 惡을 행하면서 惡에 향해 있을 때 惡魔의 자식이 될 것이다. 그렇기 때문에 우리들은 惡 속에 있으면서 어디까지나 「당신께로 향해서」 있는 者가 되어야 하고 당신께로 향하면서 또 향하기 위하여 惡에서 堅決히 벗어져 나오는 者가 되어야 할 것이다.

얼 굴

一

우리들은 거리에 수많은 사람들이 지나다니는 것을 본다. 남자와 여자와 어린이와 어른과, 수많은 사람들이 여러 모양의 차림을 하고 지나간다.

그런데 그들의 얼굴은 모두 같지가 않다. 그들 중에는 꼭 같은 얼굴을 가진 사람이 없다. 얼굴이 좀 길거나 짧거나 눈이 좀 크거나 작거나 전체의 수는 인상이 좀 정답거나 씩씩하거나— 이것이 무엇 때문일까.

괴테(Goethe)가 일찍 아름다운 인간의 魂에 만나는 일은 하나의 커다란 收穫이 된다고 했거니와 많은 속된 얼굴 속에서 하나의 고귀한 얼굴에 만나는 것은 분명히 귀한 발견이요 높은 기쁨이기도 하다. 얼굴은 다름 아닌 겨레의 고난과 成就의 象徵이다. 瑤石公主의 아름다운 얼굴 속에는 新羅의 고귀성이 어리어있고 충무공의 凜然한 얼굴 위에는 겨레를 붙들려는 信念이 어리어있고. 수많은 얼굴이 이 세상에 왔다가 이 세상을 떠난 것이다. 그런데 이 얼굴들은 다 무엇을 감추었고 무엇을 보인 것이었을까.

사람에 따라 그 얼굴이 같지 않은 것은 이상한 일은 아닐 것이다. 같은 한 소나무 잎 이것만 자세히 들여다보면 그 빛이 같지 않고 한 곳에 깔린 모래알 이것만 집어 들어 보면 그 모진 품이 제각기 다른 것이니 사람의 얼굴이라고 해서 같은 법은 없을 것이다. 그러나 소나무 잎이나 모래알은 같지 않다고 해도 이를테면 아무렇게나 같지 않을 것이고 사람의 얼굴에 이르러서는 그 하나하나가 어떤 個性을 보이는 것이니 여기에 얼굴로서의 빛과 세참이 있다고 할 것이다.

二

얼굴은 몸의 한 부분이다. 마치 팔이니 다리가 몸의 한 부분인 것처럼. 그런데 얼굴은 몸의 한 부분이면서 도리어 몸을 넘어서는 뜻을 가진다. 몸은 물론 그 사람의 몸이다. 그 사람에서 보면 몸 역시 한 부분이 된다.

얼굴은 몸이 그 한 부분인 그 사람을 대표하는 뜻을 가진다.

얼굴이 어느 의미에 있어서 그 사람이다. 이것은 그 사람 전체에 관한 일 그 인격에 관한 일을 말할 때 얼굴에 관련시키는 것으로 보아 알 수 있다. 「얼굴을 들 수 없다」, 「얼굴이 깎인다」, 「체면을 모른다」, 「쳐다 볼 面目이 없다」. 이 같은 표현은 다 얼굴에 의하여 그 사람을 대표시켜 하는 말에 지나지 않는다.

우리들이 매일 아침 얼굴을 씻고 얼굴을 들여다보는 일은 단순히 위생이나 화장만을 위해서만 뜻있는 일인 것이 아니다. 내 얼굴, 이것이 다름 아닌 나다. 내 얼굴이 흉하고 내 얼굴이 교만하고 내 얼굴이 더러운 것은 나 자신이 흉하고 교만하고 더러운 증거다. 우리들은 이 얼굴을 겉의 아름다움에서만 볼 것이 아니고 속의 아름다움에서도 보아야 할 것이다. 같은 얼굴이면서도 어떤 사람의 얼굴은 한없이 부드럽고 정다워 보이고 어떤 사람의 얼굴은 그렇지 못한 것이 무엇 때문일까. 보면 볼수록 높고 향기로운 얼굴과 보면 볼수록 속되고 천한 얼굴과.

우리들은 얼굴이 그 사람의 인격임을 알아 얼굴이 인격에 미치고 인격이 얼굴에 미치는 관련을 바로 생각해야 할 것이다.

三

얼굴은 마음의 거울이다. 얼굴은 이상한 책임을 맡았다. 얼굴은 웃는 책임과 우는 책임을 맡았다. 손이나 발이 웃고 우는 일을 본 일이 있는가. 얼굴은 모든 感情과 情緒와 意志와 決斷의 책임을 맡았다.

얼굴은 「안」사람의, 말을 바꾸면 魂의 窓이라고 할 수 있다. 손이나 발은 내 움직임을 보이거니와 나 자신은 보이지 못한다. 얼굴이 그대로 있고 손과 발이 쥐었다 폈다 할 때 무엇이 기뻐서인지 슬퍼서인지 決意를 표시함인지 자기를 제어함인지를 무엇으로 알 수 있는가. 얼굴 이외의 지체라고 해서 전연 나 자신을 드러내지 않음은 아니다. 무서워서 몸이 떨리고 흥분할 때 가슴이 뛰고 격분해서 목소리가 떨리고 생각하면서 머리에 손을 얹고. 이것이 다 나 자신의 드러냄일 것이다. 그러나 얼굴처럼 나 자신의 숨소리와 기척을 들어내는 것이란 없는 것이니, 인간을 宇宙의 觸覺이라고 하면 얼굴은 다름 아닌 인간의 촉각일 것이다. 얼굴의 筋肉과 표정의 수고스러움을 생각하라. 우리들의 얼굴이 속에 있는 나를 드러내기 위하여 얼마나 여러 번 움직이고 緊張되었던 것일까. 우리들의 얼굴은 잔잔한 봄 바다 같을 수도 있고 몰아치는 파도 같을 수도 있고 고요한 호수물 같을 수도 있고 천천히 흐르는 시냇물 같을 수도 있다. 그리고 이것은 다 나 자신의 태도요 움직임이요 표정이요 형세인 것이다.

우리들을 낳은 어머니는 얼굴로써 마음의 비싼 거울이 되게 하기 위하여 지금 우리들의 얼굴을 우리에게 주신 것이라고 할 수 있다.

四

우리들은 예수가 어린양을 안고 서 있는 얼굴을 본다. 부처님의 자비스러운 얼굴과 보살들의 아름다운 얼굴들도 본다.

그리고 자기 얼굴이 좀 잘생겼으면 하는 생각을 하는 때가 있다. 이를테면 눈이 좀 더 크다거나 코가 좀 더 높다거나…… 그러나 이미 그렇게 타고난 얼굴을 메주나 밀가루반죽을 만지듯이 되잡을 수는 없지 않을까. 긴 사람은 넓은 얼굴이 좋아 보이고 둥근 사람은 기름한 얼굴이 좋아 보이거니와, 얼굴의 아름다움이 단순히 그 생긴 모양에만 있는 것이 아님을 우리들은 알아야 할 것이다. 크면서도 가벼워 보이고 작으면서도 무거워 보이는 것이 무엇 때문일까. 눈이나 코가 놓일 자리에 놓였다고 만해서 아름다운 얼굴이 아니고 부드럽고 정다워야 아름다운 얼굴이다. 못생긴 것 같으면서 귀염성 있는 얼굴이 있고 잘생긴 얼굴이건만 쳐다보고 싶지 않은 얼굴이 있는 것이 이 때문이다.

얼굴의 아름다움은 결국 마음의 아름다움이다. 마음이 높고 마음이 맑고 마음이 겸손하고 마음이 고귀할 때 그 얼굴이 빛을 발하는 것이니 그 사람됨이 아름답지 못하고 그 얼굴만이 아름답기를 바라는 것은 마치 악한 나무에서 선한 열매를 기다리고 썩은 웅덩이에서 맑은 샘 줄기를 바라는 것과 같은 일이다. 천진스러운 어린애의 얼굴이 어떻게 고귀하고 욕심 속에서 늙은 守錢奴의 얼굴이 어떻게 인색한가를 보라. 고귀한 얼굴에 만나는 것은 고귀한 혼에 만나는 일이다. 그렇기 때문에 아름다운 마음과 아름다운 행실에 의하여 아름다운 얼굴을 일으키는 일은 겨레와 나라의 영광을 높이는 일이 되는 것이다.

大否定

一

佛陀가 아직 太子로 있을 때 그는 한없는 榮華와 歡樂에 잠겨 있었다. 宮闕과 동산과 女子와 꽃과 맛나는 음식과 재미나는 노름 노리와…… 한없는 富貴와 榮光과 즐거움과 靑春이 그를 기다리고 있었고 또 그가 그 속에 쌓여 있었다. 그런데 그는 이 속에서 마침내 커다란 비인 구멍을 보게 되었던 것이다. 太子는 목숨에 대한 진실한 懷疑를 품고 자기가 그 속에 빠져있는 이 虛妄한 구렁에서 빠져나오기를 굳게 결심했다.

하룻저녁 그는 아주 집을 나오기로 하고 마지막 얼굴을 보기 위하여 아내가 누워 자는 방 창문밖에 간 일이 있었다. 방안에서는 어여쁜 아내가 갓 낳은 어린 아들을 품에 안고 몸이 꽃에 쌓여 부드럽게 자고 있었다. 太子는 손이 금박 문에 가 닿으려는 衝動을 조심스럽게 누르면서 세차게 발길을 돌려 從者를 불러 말을 내리라고 하고 거기에 타고 남으로 남으로 자꾸만 달렸다. 새벽동이 틀 무렵에 베나레쓰江가에 내려 거기서 從者와 옷을 바꾸어 입고 구름결 같은 검은 머리를 끊어 말과 함께 돌려보내고 집을 버린 한 사람의 娑門이 되어 苦難 많은 求道의 歷程에 올랐던 것이다.

迦毗羅城淨飯王의 귀여운 아들로 태어난 이 太子가 王宮과 地位를 스스로 버리지 않았었다고 하면 그는 그 속에서 榮華와 歡樂을 그대로 누렸을 것이다. 그가 만일 조용한 一生을 보내기를 원했다고 하면 한 사람의 부드러운 君王으로 노래와 춤과 女子와 음식과 글짓기 속에서 세상을 마쳤을 것이요 그가 만일 版圖를 넓히고 이웃을 누르려는 雄圖를 품었다고 하면 혹은 秦皇이나 알렉산더의 몸차림을 하고 覇諸侯나 波斯遠征에 나왔을지 모를 것이다. 그러나 그는 세상의 榮華나 歡樂을 버리는 方向으로 자기 스스로의 길을 決定했던 것이다. 그는 肯定이 아니고 否定을 擇했다. 그런데 이 否定이 그에게는 眞理와 빛과 깨달음과 힘과 法悅을 가져오는 새로운 肯定이었던 것이다.

二

福音書의 記錄에 依하면 예수가 洗禮요한에게 나가 洗禮를 받고 물에서 올라올 때 聖靈이 비둘기같이 자기 어깨 위에 내리는 것을 보았고 너는 내 사랑하는 아들이라는 하늘로부터의 소리를 들었다고 했다. 그런데 福音書의 記錄은 그 뒤 四〇日 동안의 曠野에 있어서의 試驗에 대한 記事를 거기에 가져왔다. 혹은 정신으로, 혹은 육신의 힘으로, 혹은 異跡을 빙자하고, 혹은 聖寵을 핑계로 하고…… 가지가지로 꾀고 달래고 유혹하고 설복하던 끝에 나중은 높은 집 꼭대기에 있는 뾰족한 탑 위로 끌고 올라가서 거기서 내려다뵈는 아득한 세상의 榮光을 보여 주면서 저것이 당신의 것이 될 것이 아니냐고 했다. 그랬으니 사탄은 끝내 헛되이 돌아서 물러서는 수밖에 없었던 것이다.

예수는 나중에 제자들에게 내가 세상을 이겼노라고 했다. 이 내가란 무엇이고 세상이란 무엇이고 이겼노라란 무엇일까. 이 내가 세상을 이겼노라가 어디까지든지 내가 세상을 이겼노라요 나는 세상을 이겼노라가 아닌데서 우리들은 우리들 역시 세상을 이길 수 있고 또 이겨야 할 것임을 배워야할 것이다. 우리들은 세상을 이기는 者가 되어야 할 것이다. 세상 속에 있으면서 세상과 싸워 여기에 이겨 이것을 이기고 나서 우리들 역시 내가 세상을 이겼노라고

述懷하신 이의 뒤를 따라 내 스스로의 입으로 내가 세상을 이겼노라고 말할 수 있게 되어야 할 것이다.

그런데 내가 세상을 이긴다고 할 때 이 세상이란 무엇일까. 세상이란 욕심이요 거짓이요 교만일 것이다. 세상이란 취함이요 미침이요 지껄임일 것이다. 세상이란 어둠이요 어리석음이요 미움일 것이다. 세상이란 결국 찢긴 보자기요 쓰러지는 장막이요 분칠한 무덤이요 깨어지는 그릇일 것이다. 우리들은 이 같은 세상에 싸워서 이기는 者가 되어야 할 것이다. 우리들은 세상 속에 낳고 세상 속에 있고 또 세상에 자꾸만 이끌리고 있는 것이다. 그러나 이 사실은 우리들이 세상에서 조차왔고 세상에 속해 있음을 보이는 일이 되는 것은 아닐 것이다. 우리들이 세상에 온 것은 세상을 따라가고 세상에 化하고 세상이 되어 버리기 위해서가 아니고 도리어 이것을 물리치고 이것을 넘어서고 이것을 이기기 위해서 온 것이라고 할 수 있다. 우리들이 세상 속에 있고 또 세상이 우리에게 맡겨진 것은 우리들이 세상을 이기기 위해서고 세상이 우리들을 이기기 위해서가 아닐 것이다. 우리들은 세상에 있는 동안 꿋꿋이 이것과 싸우고 여기에 이겨 나중에 내가 세상을 이겼노라고 述懷할 수 있는 者가 되어야 할 것이다.

三

나는 어떤 때 매우 崇高한 感情이 내 가슴속에 어리는 것을 본다. 朝聞道夕死可矣란 말이 論語에 보였거니와 이 「道」가 내 속에서 들리는 것 같은, 적어도 내가 이 「道」에 가까이 간 것 같은 瞬間이 내게 오는 때가 있다. 그리스도 안에 있는 者는 새로 만들어진 者라는 말이 있거니와 이 같은 어쩌다가오는 崇高한 瞬間은 이를테면 내가 새로 만들어지기 시작하는 瞬間인지 모른다.

그런데 이 高貴한 瞬間이 一分二分 지나가면 내가 다시 캄캄한 나, 어두운 나, 냄새나는 나에 復歸하는 것을 알 수가 있다. 이 찢긴 보자기, 쓰러지는 장막 속에 다시 돌아오고 나면 세상에 대한 자세히는 세상 것에 대한 愛着과 애정과 부둥켜안음과 쓸고 만짐과 움켜쥐고 놓지 않으려는 慾望이 사나운 물결같이 끓어 오르기 시작하는 것이다. 이때 나 자신은 좀스러운 小人, 어리석은 衆生, 때로는 흉악한 도적놈, 狡猾한 謀略者, 심한 背信者가 되는 것이다. 善한 心情과 惡한 心情, 본래의 목소리와 誘惑하는 속삭임이 자꾸만 번갈아 드는 것이 人間을 넘어서는 者가 되지 못하는, 人間의 境涯 속에 있는 者인 우리들의 情況일 것이다. 律法이 내게 왔을 때 律法은 살았건만 나는 죽었다는 말이 있거니와 律法이 내게 와서 나를 삼키게 되는 事態는 말하자면 本來의 事態를 일으키기 위한 準備事態요 그 자신 本事態가 되는 것은 아닐 것이다. 本來의 事態란 이 자기 아닌 것에게 삼켜진 자기를 再解放시키는 일일 것이다. 자기를 하나님의 子女로 回復하는 일－이것이 우리들이 이 蒼茫한 세상에 온 根本 뜻이 아닐까.

그리스도가 이 세상에 왔고 이 세상에 머물렀고 이 세상과 싸웠고 이 세상에 이긴 것은 우리들에게 다시없는 힘이요 빛이요 증거요 소망일 것이다. 우리들은 자기 속에 그리스도를 받아들이고 그 모습을 形成하는 者가 되어야 할 것이다. 우리들이 자기 속에 그리스도를 받아들이고 그 모습을 形成하기 위해서는 말과 儀式과 敎理에 사로잡히기를 그치고 몸소 그리스도를 본받는 者가 되어야 할 것이니 그리스도를 본받음이란 나 스스로의 十字架를 지는 일일 것이다.

四

지금은 이 세상의 蒼茫한 물결이 사람과 물건을 휩쓸고 있다. 舊約에는 義로운 者가 없고나 하나도 없고나 라고 했고 書經에는 人心惟危 道心惟微 惟精惟一 允執厥中이란 말이 보였거니와 세상의 망령되고 헛됨이 오늘과 같을 者 없을 것이다. 孟子에 仁人之安宅 義人之正路 曠安宅而不居 捨正路而不由 哀哉라고 했다. 그런데 어제오늘의 世態는 仁을 비고 義를 버리는 정도가 아니고 모두를 부시고 모두를 꺾어버리고 惡이 惡인 줄조차 모르는 惡에 떨어지고 만 것이니 로마人書에 보인 神을 거역하는 者는 神도 또한 그를 惡 속에 버려두었다고 함과 같은 것이다.

지금 우리들을 휩쓰는 蒼茫한 물결이란 다음과 같은 것들이다. —욕심과 거짓과 虛榮虛飾과 싸움과 嫉妬와 猜忌와 속이기와 들어 넘기기와 도적질과 殺人과 姦淫과 나라물건 훔쳐내기와 僞善과 假飾과 큰소리치기와 奢侈와 淫亂과 放蕩과 놀고먹기와 게으름과 거짓말지어내기와 없는 죄 뒤집어씌우기와 中傷과 謀略과 파당싸움과 노략질과 뇌물 받기와 어물어물과 알랑거림과 사바사바와 눈치 보기와 집치장과 물건 사들이기와 지껄임과 먹고 떠들기와 그러안고 돌아가기와 官能的 末梢神經的 快樂과…… 여기에 다시 거짓信仰 거짓藝術 거짓愛國心 거짓人格 거짓自由 거짓獨立 거짓民主主義가 엎치고 뒤섞기고……

우리들이 어둠에서 깨어 일어날 때가 돌아온 것이다. 어둠 속에서 하던 짓을 버리고 光明한 太陽 아래서 堂堂히 앞으로 걸어 나가야 할 때가 돌아온 것이다. 이 蒼茫한 물결이 오랫동안 歐洲를 휩쓸었고 그것이 다시 한 줄기는 近東을 거쳐 印度와 漢土에 밀어 올렸고 다른 한 줄기는 西伯利와 太平洋을 뒤덮고 있거니와 우리들 하나하나가 이 蒼茫한 물결에 대하여 堅決히 싸울 때가 돌아온 것이다. 太平洋 동녘기슭에 붙어 있어 오랫동안 激浪 속에 깜박거리면서 용하게 連綿한 한 줄기 줄을 그어온 韓半島, 이제 하나님의 짐을 지고 가는 어린양이 되어 일어나 이 썩은 물결로부터 歷史를 지키고 義를 지킬 때가 돌아온 것이다. 우리들 하나하나가 자기 속에 깃들인 恩寵의 빛, 하늘의 목소리에 돌아가 새로운 創造를 경험하는 데 依하여 많은 義로운 이들의 예던 길을 한층 더 튼튼하게 한층 더 굳건하게 예는 者가 되어야 할 것이다.

願

一

나는 내가 살아가고 있음을 안다. 오늘도 살아가고 내일도 살아가고. 그런데 이 살아가는 일이란 무엇일까. 살아가는 일이란 단순히 목숨이 붙어 있는 일이 아니고, 어떤 願을 품고 어떤 方向으로 나아가는 일을 이른다. 「살찐 도야지가 되는 것보다 굶는 소크라테스가 되고 싶다」는 말이 있거니와 이것은 어떤 目標나 使命을 세우고 그 밑에서 살고 싶다는 말일 것이다.

우리들은 하고 싶은 일이 많다. 우리들의 一生이란 이 수없는 하고 싶은 일의 連續이라고도 할 수 있다. 밥이 먹고 싶고, 잠이 자고 싶고, 찬구와 만나고 싶고, 혼자서 무엇을 생각하고 싶고. 그런데 이 많은 하고 싶은 것 중에서 가장 커다란 가장 根本되는 하고 싶은 일을 내어세워 다른 하고 싶은 일들을 그 아래 두어야 할 것이다. 돈 모으는 일을 가장 큰 것으로 내어세웠으면 다른 것들이 거기 따라가야 하고, 名譽나 地位나 健康이나 美나 敎養을 각각 가장 큰 것으로 내어세웠으면 다른 것들이 모두 그 아래 들어가야 하고. 사람은 삶이 있는 한, 무엇이 하고 싶어야 할 것이다. 그런데 이 하고 싶은 일 속에서 단순히 자기 목숨을 이어 가거나 자기의 利益을 꾀하는 것이 아니고 자기를 넘어서는 것을 위해서 자기를 바치기로 했을 때 이것을 願이라고 부를 수 있다. 우리들은 모두 願을 품고 살아가는 자가 되어야 할 것이다.

二

願에는 여러 가지가 있다. 어머니의 病을 낫게 하려는 것도 願이고, 넘어가는 나라를 붙들려는 것도 願이다. 자기를 바로 세우려는 것도 願이고, 人類를 救援하려는 것도 願이다. 願이란 우리들의 삶을 引導하는 별과 같은 것이다. 願없는 사람의 生이 얼마나 어둡고 답답하고 지루하고 거칠 것인가.

그러나 願은 모두 사랑에서 시작하여 소망을 거쳐 믿음에 이르는 것이니, 이로써 보면 모든 願은 하나라고 할 수 있다. 사랑이 願의 始初다. 사람은 사랑에 옮아오지 않고 願을 품을 수는 없는 것이다. 「사랑은 오래 참고 溫柔하며 驕慢하지 아니하며 자기의 有益을 求하지 아니하며 不義를 기뻐하지 아니하며」라고 하였다. 사랑은 사람이 거기에 돌아가야 할 마땅한 자리인 것이다. 이 사랑에서 싹이 터 가지고 願은 다시 소망과 믿음에 내어닫는다. 願은 높은 사랑이면서 그렇기 때문에 빛나는 소망, 굳건한 믿음이 된다. 그리스도의 메시아 告白이 있고 菩薩의 四十八願이란 것이 있거니와, 이것은 다 높은 聖스러운 秩序에 대한 歸命 發願에 지나지 않는다. 有限한 사람으로서 높은 願을 품는 것이 얼마나 貴한 일이랴.

우리들의 一生은 어떻게 보면 장거리를 머뭇거리는 행랑어멈의 行狀같기도 하다. 이것도 사고 싶고 저것도 사고 싶고. 그러나 그것이 일향 겨레와 나라를 모르고 자기의 利益과 榮達만을 취하는 데서 마치 개미 쳇바퀴 도는 것과 같은 것이니, 이 좁고 답답한 쳇바퀴를 한 바퀴도 변변히 돌지 못하고 지친 개미는 마침내 그 냄새나는 작은 몸뚱이를 이미 쓰러져 죽은 다른 개미 몸 위에 던지고야 마는 것이다. 우리들은 이 쳇바퀴에서 벗어져 나와 씩씩하게 흙을 나르는 한 마리 새로운 개미가 되어야 할 것이다.

三

우리들이 품은바 願에는 두 가지가 있다. 자기를 아름답게 세우는 願과 자기를 바쳐 자기와 남을 아울러 일으키는 願과. 하나는 希臘 사람들이 가꾼 「에로스」요 하나는 基督教가 북돋우어 온 「아가페-」다. 자기를 조심스럽게 쌓아올리는 에로스와 자기를 대담하게 바치는 아가페. 그런데 이 자기를 세우는 일은 언제나 자기를 바치는 일에 돌아와야 한다. 돈이나 地位나 美나 名譽를 위해서 꾸역꾸역하는 것은 이 願이 되지 못한다. 이것들은 總히 겉의 것이요 또 나를 위하는 것이기 때문이다. 겉을 꾸미고 나를 위하는 것은 사랑이 아니다. 「보배를 땅 위에 쌓지 말고 하늘나라에 두라」는 말이 있거니와 우리들은 자기 한 몸의 安樂만을 위하여 애쓰다가 자기가 죽은 뒤 경우에 따라서는 죽기 전에 그 재산이 바람에 날리어 산산이 흩어져 없어지는 광경을 생각해야 할 것이다.

그런데 願 중에 자기를 바치는 원이 높고 슬픈 願이다. 우리들의 앞에 나타났던 先哲들은 모두 이 같은 높고 슬픈 願을 품고 그 고난스러운 生涯를 영용스럽게 싸워 마쳤다. 오늘 우리들이 품어야 할 願이 무엇일까. 우리들은 오늘 우리 겨레가 어떻게 어려운 자리에 있다는 것을 알아야 할 것이다. 겨레의 운명이 지금과 같이 흔들린 때가 있었을까. 우리가 당하고 있는 困難이 한두 가지가 아니거니와 백성 한 사람 한 사람의 마음이 썩은 것이 겨레의 운명을 위태롭게 하는 가장 큰 障碍일 것이다.

우리들이 이 불쌍한 겨레를 위하여 높고 슬픈 願을 품고 일어설 시기가 돌아온 것이다. 이 위태롭고 기울어진 겨레를 내 힘으로 일으켜 하늘이 맡긴 책임을 다 할 수 있는 광영스러운 겨레로 이것을 이끌어야 할 것이다.

四

우리들은 願을 품어야 하고 願 중에도 높고 슬픈 願을 품어야 한다. 높고 슬픈 願이란 자기를 바치고 자기를 죽이는 願이다. 그리스도가 그랬고 불타가 그랬고 많은 의로운 이와 순교자들이 그랬고. 겨레와 나라를 위해서 목숨을 바친 우리나라의 많은 先烈들도 이 같은 높고 슬픈 願 속에서 살고 또 죽었다. 우리들은 이 높고 슬픈 願의 傳統을 이어야 할 것이다.

그런데 우리들이 진실로 높고 슬픈 願을 품고 그 속에서 살아간다고 하면 우리들의 하루하루는 전연 다른 하루가 되어야 한다. 우리들은 앞에서 자기를 세우는 願이 자기를 바치는 願에 돌아가야 할 것임을 보았거니와 자기를 바친다는 것은 어느 의미에 있어서 자기가 거듭나는 일인 것이니 그 말과 생각과 행실이 모두 거듭나야 할 것이다. 願을 품고 그 속에서 살아간다는 것은 위대한 자기 혁명이다. 지금까지의 자기를 버리고 자기의 욕심과 교만에서 벗어져 나와 전연 새로운 자기를 세우고 쌓는 일에 지나지 않는다.

이미 어둡고 병든 인간과 썩고 넘어가는 겨레를 구원하기 위하여 자기를 바치기로 한 것이니, 이러므로 願 속에 있는 나에게 저들의 어두움과 병과 썩음과 넘어감이 있을 수 없는 것이다. 願 속에 있는 자는 새로 만들어진 자가 되어야 할 것이다. 모든 취함과 미침과 어지러움이 그에게서 사라지고 한없는 빛과 향기가 말과 뜻과 행실에서 그리고 그가 있는 자리에서 발해야 할 것이다.

幸 福

一

사람은 누구나 幸福스럽기를 원한다. 자기가 幸福하고 자기 집이 幸福하고 자기 이웃이 幸福하고 자기 겨레가 幸福하고. 아마 사람치고 不幸하기를 원하는 사람은 없을 것이다. 자기가 不幸하고 자기 주위에 있는 사람들이 不幸하기를 원하는 사람은 없을 것이다. 사람이 幸福되기를 바라는 것은 나무가 자라나고 풀이 무성한 것 마냥 지극히 자연스럽고 또 마땅한 일이 될 것이다.

그런데 우리들이 幸福스럽기를 원한다고 할 때 이 幸福이란 무엇일까. 壽·富·貴·多男子·康寧이란 말이 있거니와 이 壽가 福이고 富가 福이고 貴·多男子·康寧이 福일 것이다. 잘생긴 얼굴이 福이고 빼어난 天品이 福이고 튼튼한 健康·풍성한 富·떨치는 名聲·들리는 榮達이 福일 것이다. 그런 것들이 적어도 같은 사람에게 있어서 그렇지 않은 境遇보다 편하고 앞설 것이다. 그런데 이 壽면壽, 富면 富, 貴면 貴가 그대로 그것뿐으로 과연 福이 될까.

우리들은 幸福스러움과 幸福스러울 보람과를 구별해야 한다. 幸福스러움을 福이라고 하고 幸福스러울 보람을 그 사람의 착한 心性 또는 어진 행실이라고 하면 이 같은 心性과 행실 속에 있는 者에게 福이 와야 할 것이다. 그런데 반드시 그렇지만은 않다. 幸福될 者 幸福되지 못하고 幸福되지 못할 者 幸福된 것이 이 세상의 일인 것이다. 聖書에는 마음이 가난한 者는 福이 있나니 라고 했거니와 이것은 그가 이 세상에 있는 동안 꼭 福이 맡겨진다는 말이 아닐 것이다. 義로운 者가 도리어 困辱 속에 있고 迫害 속에 있기조차 한다. 義로운 者가 困辱 속에 있음은 義로운 者조차 困

辱 속에 있으니 義를 지키고 善을 행하는 者 부지런히 부지런히 힘써 쉬지 말고 義에 나아가라는 뜻이요 幸福되지 못할 者 幸福된 것같이 보이는 그릇된 風尙에 따라가라는 뜻이 아닐 것이다.

二

사람들이 市場에 모여서 물건을 사고팔고 한다. 물건이 좋다고 하고 나쁘다고 하고 값이 싸다고 하고 비싸다고 하고. 수많은 사람들이 모여서 떠들고 웅성거리고 값을 부르고 흥정을 하고 한다. 이 사람과 물건이 모인 市場에 장보는 바구미를 들고 이리 기웃 저리 기웃 하는 행랑어멈의 모습을 우리들은 본다. 장보는 바구니 밑에 물건을 좀 사 넣고 이리 기웃 저리 기웃하는 행랑어멈의 行狀이 다름 아닌 우리들의 일생일 것이다. 초라한 옷을 입고 이 가게 앞에 서 보고 저 가게 앞에 서 보고 하는 행랑어멈의 장보는 行狀. 이것이 나 자신의 모습이 아닐까. 어머니 배 속에서 나오고 그 품에서 자라난 것은 그만두고 학교라고 다니고 친구라고 사귀고 직장이라고 가지고 일이라고 꾸며보고 이리 달리고 저리 돌아다닌 것이 모두 이 행랑어멈의 行狀이 아니었을까. 심지어 결혼이라고 했고 家庭이라고 가졌고 자식이라고 낳았고 作品이라고 쓴 것마저 이 행랑어멈의 行狀이 아니었을까.

사람들은 幸福되기 위하여 돈을 찾고 知識을 찾고 地位를 찾고 名聲을 찾아 이리 달리고 저리 헤매어 마침내 一生을 휘저어버리고 만다. 그런데 幸福스러울상 싶어 이렇게 찾는 돈이나 知識이나 地位가 필경 찾아지는 것도 아니고 또 찾았댔자 그것이 막상 幸福을 가져오는 것도 아닌 것이다. 푸른 산골짜기에서 꾀꼬리 소리가 마냥 들리는 것만 같아 가 보면 또 저 골짜기로 옮아간 것만 같고

파－란 잔디밭이 멀리서 보기에 아름다워 거기에 가보면 실상 흙이 드러나 있고 조이조각이 흩어져 있듯이, 우리들이 찾는 幸福이란 결국 이 들리지 않는 꾀꼬리 소리, 만날 수 없는 잔디밭 같은 것이 아닐까. 幸福이란 그것이 멀리서 그릴 때뿐 幸福이요 실상 거기에 이르면 幸福이 못 될 것이다. 사람이란 결국 幸福을 찾아 헤매게만 생겼고 幸福에 만나게는 생기지 않은 것이 아닐까.

행랑어멈이 어쩌다가 싸고 좋은 물건에 만났다고 하라. 그러나 이 싸고 좋은 줄 알았던 것이 뜻밖에 비싸고 나쁜 경우가 많고 또 막상 집에까지 들고 들어와 보니 거추장스럽기만 하고 아무 쓸모없는 경우가 얼마든지 있는 것이다. 幸福을 자기 스스로의 안에서 구하지 않고 이것을 밖에서 찾아 만나려는 者는 그 번거로운 一生이 행랑어멈의 行狀이 될 수밖에 없을 것이다.

三

사람들은 흔히 幸福이라고 하여 가난에 대한 富, 賤에 대한 貴, 窮辱에 대한 榮達을 든다. 이 돈이나 귀한 자리나 떨치는 榮達이 좋지 않는바 아닐 것이다. 그러나 이런 것들이 진실로 幸福이 되기 위해서는 몇 가지 條件과 制約이 있을 것이다. 첫째 이 같은 밖에 것들은 우리들이 나올 때 타고나는 것이 아니고 어디까지나 밖에서 이것을 取해야 하고 꺾어 와야 하고 잡어 다녀야 한다. 자세히는 남과 싸워가지고 이것을 빼앗아야 한다. 여기에 이것들에 대한 싸움이 벌어진다. 둘째 이 같은 밖에것들은 그것이 요행 얻어졌댔자 결코 일정한 한도에서 거기에 대한 욕망이 그치는 법이 없다. 孟子에 「萬取千焉 千取百焉」이란 말이 있거니와 萬을 가지면 千마저 가지고 싶고 千을 가지면 百마저 빼앗고 싶어 이를테면 목마른 渴慾이 한층 더 일어날 뿐인 것이다.

여기에 이것들의 번거로움이 깃들인다. 셋째 이 같은 밖에 것들은 좀처럼 얻어지는 것이 아니거니와 얻어졌댔자 언제 어떤 때 어떤 모양으로 허물어지고 날라가고 깨어질지 모르는 것이다. 진실로 너무도 총총히 내게서 떠나 버리고 떠나고 나면 그 허전하고 쓸쓸함이 한층 더 심한 것이다. 여기에 이것들의 虛妄스러운 本性이 드러난다.

사람들이 幸福일 것이라고 일컫는 돈과 地位와 榮達과…… 이런 것들은 결국 俗된 것이고 번거로운 것이고 또 虛妄스러운 것이다. 이런 것들은 첩경 그 사람을 한층 더 미움과 어리석음과 虛榮 속에 처박는 일이 될지언정 진정한 幸福을 가져오고 이것을 保障하는 길이 되지 못할 것이다.

이 地上에서 가장 幸福된 일은 두 사랑하는 사람의 가슴과 가슴을 연결한 祝福된 夫婦의 因緣일 것이다. 그러나 죽음이라는 運命의 손이 이 두 사람의 가슴을 떼어 놓는 때가 있다. 친구 사이의 맑은 友情. 이것도 세상에서는 다시없는 福이 될 것이다. 管仲과 鮑叔, Goethe와 Schiller의 사이가 얼마나 맑고 향기로운 사이였을까. 그러나 이것도 죽음과 運命의 손을 마침내 벗어날 수는 없는 것이다. 이 地上에서는 세상이 幸福이라고 일컫는 것은 진정한 幸福이 못 되고 높고 향기로운 진정한 幸福은 우리들에게 종당 맡겨지는 것이 아님을 알아야 할 것이다.

四

聖書에는 내가 길이요 眞理요 生命이란 말이 보였다. 그런데 돈이나 地位나 榮達은 이 길이 되지 못할 것이다. 壽·富·貴·多男子·康寧은 이 길이 되지 못할 것이다. 길이란 永生에로의 길이요 하늘나라에로의 길이요 아버지에로의 길일 것이다. 우리들이 이 세상에 온 것은 이 길을 위해서 온 것이요 떠돌아가는 구름장 같은 富나 貴를 위해서 온 것이 아닐 것이다.

내가 이 세상에 온 것은 幸福스럽기 위해서가 아니고 幸福스러울 보람이 있기 위해서고 幸福이 올 때 떳떳스럽게 여기에 부끄럽지 않기 위해서일 것이다. 내가 이 세상에 온 것은 설령 幸福이 맡겨지지 않는다고 해도 애오라지 幸福스러울 보람을 지키기 위해서고 한걸음 더 나아가 困辱과 苦難 속에 있으면서 부름을 받은 者로서 자기의 使命과 道理를 꿋꿋이 행하는 者가 되기 위해서 온 것이다.

돈이나 地位나 榮達 속에 있는 대로, 그리고 壽와 富와 貴와 多男子와 康寧 속에 있는 대로 길과 眞理와 生命에 향하고 또 거기에 나아갈 수도 있을 것이다. 가난이나 賤함이나 窮辱이 반드시 참에 나아가는 표적은 아닐 것이다. 그러나 이 세상 속에서 이 虛妄스러움 속에서는 義의 안에 있고 義를 드러내려는 者는 困苦함을 스스로 각오해야 하는 것이니 그리스도, 十字架를 져 義로운 者 苦難을 받아야 할 것임을 보이신 것이 깊은 뜻이 있다고 할 것이다.

우리들이 이 세상에 온 것은 이 세상을 지은 者의 聖意를 받들기 위해서 온 것일 것이다. 우리들이 이 세상에 온 것은 세상에 이기고 義를 세우기 위해서 온 것일 것이다. 우리들이 이 세상에 온 것은 이웃을 사랑하기 위해서 온 것일 것이다. 우리들이 이 세상에 온 것은 忠과 恕를 베풀기 위해서 온 것일 것이다. 우리들이 이 세상에 온 것은 자기 스스로의 잃어진 本心을 찾기 위해서 온 것일 것이다. 우리들이 이 세상에 온 것은 菩薩의 願과 行을 본받기 위해서 온 것일 것이다. 우리들이 이 세상에 온 것은 흐림을 물리치고 맑음을 들기 위해서 온 것일 것이다. 우리들이 이 세상에 온 것은 弱한 者를 돕고 쓰러지는 者를 일으키기 위해서 온 것일 것이다. 우리들이 이 세상에 온 것은 하루하루 善을 행하여 이 善의 願力에 依하여 娑婆의 불을 끄기 위해서 온 것일 것이다. 우리들이 이 세상에 온 것은 많은 義로운

者의 뜻과 행함을 본받아 세상을 맑히기에 힘쓰다가 부드러운 숨결과 맑은 눈동자로 이 地上을 떠날 수 있기 위해서 온 것일 것이다.

길

一

내가 거리나 들을 걸어가는 때가 있다. 그때 나는 거기에 크고 작은 여러 갈래의 길이 있고 그중에 하나를 자기가 걸어가고 있다는 것을 發見한다. 길, 수많은 사람과 마소가 지나간 길. 한편 끝이 어디서 시작해서 저편 끝이 어디에 마쳤는지를 모를 길. 도대체 길은 언제부터 시작된 것일까. 길은 한없는 歷史와 傳說을 가진다.

길은 모든 것을 보았을 것이다. 알렉산더의 遠征도 보았고 바울의 전도도 보았고 元曉가 唐나라에 들어가는 것도 보았고 栗谷이 山에서 내려오는 것도 보았고, 人類가 알고 있는 기쁨과 슬픔과 장함과 더러움을 길은 모두 알고 있을 것이다.

길과 사람과는 깊은 關聯이 있다. 길은 사람과 함께 이 세상에 생겨난 것이라고 할 수 있다. 한 옛적에 누가 어디를 한 번 걸어갔을 것이다. 첫 번 발자국이 산비탈이나 언덕 위나 시냇가에 났을 때 그것을 가리켜 길이라고는 할 수 없을 것이다. 그랬는데 같은 자리를 또 하나가 지나가고 또 하나가 지나가고 이렇게 하여 열이 지나가고 백이 지나가고 천만이 지나가면서 거기에 한줄기 줄기찬 길이 열리기에 이른다.

길의 歷史는 진실로 눈물겨운 荊棘의 歷史다. 나무 사이를 지나고 가시덤불을 헤치고 호젓한 벌판을 지나고 강물구비를 끼고 돌고 다시 산모퉁이를 돌아 재를 넘고, 짐승들이 더러 이 사람의 내인 길을 가로 건너는 때는 있다. 그러나 길은 여전히 사람의 길이요 사람이 내인 길이니 사람이 마구 산이나 들을 헤매는 것이 아니고 자기들의 길을 그것도 자기들의 先祖들이 다니던 같은 길을 걸어

다니는데 깊은 뜻이 있다고 할 것이다.

二

우리들은 지금까지 많은 길을 걸어본 일이 있다. 큰길, 작은 길, 산길, 들길, 거리길, 시골길…… 봇짐 지고 타박타박 피난 온 소년이란 어린이들의 부르는 노래가 있거니와 우리들은 이번 피난으로 해서 더욱이 이 길과 친해졌다. 그런데 이 길이란 무엇일까.

길은 한자리에 있는 것이 아니다. 길은 어떤 한 地點에서부터 다른 한 地點에 보기 좋게 뻗어나간다. 이것이 길의 첫 번 性格일 것이다. 길은 여러 사람이 거기를 걸어갔으므로 해서 길이 된 것이다. 길은 많은 사람을 자기 위에 걸어가게 만드는 힘을 가졌다. 이것이 길의 둘째 性格일 것이다. 길은 어떤 方向에 뻗어 나아가 마침내 동리나 저자의 어구에 닿는다. 이것이 길의 셋째 性格일 것이다. 길은 한 地點으로부터 한 地點에 이르러 그치는 법이 없이 한없이 마치 땅 끝까지 갈 양으로 그 行程을 계속한다. 이것이 길의 넷째 性格일 것이다. 사람이 이 같은 性格을 가진 길을 자기 스스로 내고 또 거기를 걸어다닌다는 것은 깊은 뜻이 있을 것이다. 이 같은 길의 性格이 그대로 사람의 삶의 行路가 되는 것이 아닐까. 우리들의 목숨이 바로 이 길과 같다. 한 곳에 머무르려고 하지 않고 先人들의 예어간 자취를 따라가려고 하고 어떤 景觀 앞에 나섰다가 다시 한없는 遍歷의 途程에 오르려고 하고. 사람의 살아가는 일이란 결국 사람으로서의 길을 걸어가는 일이다. 겨레의 歷史도 겨레가 맡은 겨레의 길을 걸어가는 것에 지나지 않는다.

三

길에는 여러 모양의 길이 있다. 큰길도 있고 작은 길도 있고, 安全한 길도 있고 危險한 길도 있고, 뚜렷한 길도 있고 희미한 길도 있고…… 그런데 우리들은 어떤 길을 어떤 모양으로 걸어가야 할 것인가. 그리스도는 生命에로 引導하는 길은 좁고 死亡에 나가는 길은 넓다고 했다. 孟子는 사람들이 넓은 집을 비우고 거하지 않고 바른길을 버리고 가지 않으니 어찌된 일이냐고 歎息했다. 그리스도의 가르친 生命에로의 길, 孟子의 말한 바른 길이 길이다.

길은 언제나 하나요 둘이 아닌 것이다. 큰길, 安全한 길, 뚜렷한 길이 길이요 그렇지 않은 것은 길이 아니다. 生命으로 引導하고 義로 나오게 하는 길이 길이요 그렇지 않은 것은 길이 아니다. 그런데 이 길 아닌 길이 길 옆에 누워있으므로 해서 그리고 그것이 자기를 큰길 넓은 길이라고 떠들므로 해서 잘못된 길에 떨어지는 者 마침내 그 뒤를 끊을 날이 없는 것이니 우리들은 우리 앞에 놓인 길과 길 아닌 것과를 구별하는 聰明을 가져야 할 것이다.

길은 사람이 제멋대로 만들어서는 안 된다. 길은 歷史에 依해서 만들어진 것이다. 우리들은 歷史에 依해서 만들어지고 保障된 길을 걸어가야 한다. 그리스도가 걸어간 길이 歷史에 依해서 만들어진 길이었다. 頑冥한 世上과 바리새사람들이 걸어간 길이 歷史에 依해서 만들어진 길이 아니었다. 栗谷과 忠武公의 걸어간 길이 歷史에 依해서 保障된 길이었다. 黨爭과 朝廷의 腐敗가 가져온 것이 歷史에 依해서 保障된 길이 아니었다.

四

우리들은 모두 길을 걸어가는 者다. 하루하루 많은 길을 수없이 걸어왔거니와 앞으로도 이 길을 오래 걸어가야 한다. 길을 걷는 일은 우리들의 살아가는 일의 하나의 象徵이기도 하다. 길을 걷는 것을 사람의 義務라고 할 수 있다.

그런데 이 길을 걷는 일이란 무엇일까. 길을 걸어가는 자는 자기 스스로를 조심스럽게 붙들어야 한다. 우리들이 어쩌다가 넓은 벌판이나 모래사장을 만날 때 길 없이 그 위를 달리고 싶은 衝動을 느낀다. 그러나 이 衝動을 우리들이 길을 가면서 길 위에서 하고 싶은 대로 베풀어서는 안 될 것이다.

길을 걸어가는 자는 한 곳에 오래 머물러 있거나 이미 지나온 곳에 되돌아가려고 해서는 안 된다. 書經에 「天體의 運行이 씩씩하다」고 했고 孔子가 물 위에 서서 「흘러감이 이와 같다」 했거니와 꾸준히 한결같이 앞으로 前進하는 것이 길을 걷는 者의 길일 것이다. 길을 걸어가는 者는 걸어오는 아득한 途程 하나하나가 자기에게 한없는 가르침을 베푼다는 것을 알아야 한다.

善財童子의 莊嚴한 求道의 歷程을 본받아 자기의 지나온 마을 하나, 넘어선 다리 하나에서 감춰진 빛과 속삭이는 소리를 들어서 자기 스스로의 목숨을 향기롭고 우렁차게 해야 할 것이다.

雄 健

一

봄은 生命을 가져온다. 지나가다가 보면 地面이 좁쌀알만 하게 부르튼 것을 볼 수가 있다. 얼마 뒤에는 거기에 조그만 푸른빛이 보이기 시작한다. 아—싹이다. 어린싹이 땅을 들치고 올라온 것이다. 마침내 들치고야 말았구나. 生命의 우렁찬 躍進. 하나의 조그만 어린싹이 어떻게 씩씩하게 올라오는가를 보라.

모든 일어남은 이 싹과 같은 것이다. 개인의 일어남도 그렇고 겨레의 일어남도 그렇고. 일어남은 힘이요 힘은 씩씩함이요 씩씩함은 꾸미지 않은 내어뻗음이다.

일어남. 이 일어남이란 무엇일까. 일어남은 크고 화려하고 풍성한 것이 아니다. 일어남은 언제나 작고 약한 데서 시작한다. 작고 약한 것이 크고 기센 것에 대하여 씩씩하게 싸우는데 일어남의 우렁참이 있다고 할 것이다. 크고 화려함은 일어남이 아니고 도리어 일어나 마친 것의 모습일 것이다. 일어남은 일어나는 싸움 속에 있는 것이요 일어나 마친 쉬는 상태 속에 있는 것이 아니다.

二

로마는 조그만 일곱 언덕 위에서 일어났다. 이 로마가 일어난 것은 로마가 일어난 것이 아니고 로마사람 한 사람 한 사람이 일어난 것이었다. 일어날 때의 로마사람들의 씩씩함과 質朴함을 想起하라. 그런데 꿋꿋하던 로마—마침내 넘어간 것이다. 넘어갈 것 같지 않던 로마가 넘어간 것이 무엇 때문일까.

자라나기를 마친 로마는 쉴 수밖에 없었다. 그 내어뻗는 생명의 물줄기가 내어뻗기를 그치고 로마라고 부르는 웅덩이에 잠겨있으면서 곰팡이가 슬고 썩기 시작했다. 宮廷藝術도 곰팡이고 圓形劇場도 곰팡이고 皇帝崇拜도 곰팡이고 豪奢華美를 다한 宮中宴會도 곰팡이고. 이렇게 하여 온몸에 고름이 들대로 든 로마는 마침내 넘어가고야 말았다.

로마의 넘어감은 모든 넘어감의 象徵이다. 개인의 넘어감도 로마와 같고 겨레의 넘어감도 로마와 같고. 안의 씩씩함이 없이 겉을 꾸미고 겉에 기울어지고 겉에 붙잡히는 것이 넘어가는 徵兆다. 모든 粉裝과 거짓과 무질서와 음란과 방탕과 사치와 지껄임과 경박한 유행과 꼬임과 無節操와 구경 즐기기와 먹고 놀기와 豪氣부리기와 까부는 것과 속임과 욕설하기와 서로 때려눕히기와……. 이것이 모두 넘어가는 자의 징조다. 우리들은 자기를 돌아보아 이 넘어가는 로마와 헤어지기를 힘써야 할 것이다.

三

우리들은 일어나는 자가 되어야 한다. 일어나되 씩씩하게 일어나는 자가 되어야 할 것이다.

그런데 이 일어남이란 무엇일까. 일어남이란 조그만 어린싹 하나가 땅을 들치고 올라오는 것을 본받는 일일 것이다. 작은 것이 큰 것을 이기고 어린 것이 무거운 것을 들치는 눈물겨운 광경을 想起해 보라. 일어남이란 조그만 자기를 巨大한 일 속에 決然히 던지는 일이다. 주저주저하고 머뭇거리고. 이것은 일어남이 되지 못한다. 이 일어남은 하나의 위대한 決意다. 메시아의 告白, 菩薩의 誓願이 없는 곳에 우렁찬 일어남이 있을 수 없을 것이다.

일어남은 하나의 새로운 創造다. 지금까지 있던 것이 빛깔이나 모양을 조금 바꾸어 가지고 나타나는 일이 아니고 영 새로운 자로 거듭나 새로운 자기를 세우고 새로운 자기에 만나는 일로서 바꿈과 내어달음과 통째로의 꿈틀거림과 밑바닥으로부터의 떨침이 있는 것이 이 때문이다. 회개하고 거듭나는 자가 되지 못하고 하늘나라에 들어가기 어렵다는 말이 있거니와 이 낡은 자기에서 벗어나는 일이 일어남의 모습일 것이다.

일어남은 씩씩히 올라오는 일이고 세차게 내어뻗는 일이다. 일어남은 우렁차고 새롭고 씩씩하고 내어뻗고. 어리면서 세차고 꾸미지 않은 대로 아름답고. 일어남은 모든 힘과 생명과 진리가 이것을 이끈다. 어린싹이 올라오는 謙虛한 자태와 質朴한 모습과 씩씩한 싸움 속에 일어남의 근본 얼굴이 깃들인다고 할 것이다.

일어남은 하나의 꾸준한 또 英勇스러운 싸움인 것이다. 앙탈과 변명과 지껄임은 일어나는 자에게는 없는 법이다. 조그만 흔들림에 기울어지고 옛샷바람에 불리는 일은 일어나는 자에게는 없는 법이다.

四

새벽은 빛을 가져온다. 새벽동이 트는 우렁찬 광경을 보라. 처음에 조그만 微光 하나가 동쪽하늘에 보이고 그것이 차츰 캄캄한 어둠을 헤치고 나중에 검고 붉은 莊嚴한 하늘을 시원스럽게 보이고. 이것이 새벽빛의 英勇스러운 기적인 것이다.

우리 또한 이 영용스러운 기적을 배워야 할 것이다. 옛날 큰 활을 쓰던 우리들의 선조들은 그만큼 모든 것이 크고 너그럽고 씩씩했던 것이다. 우리 겨레－半島 안에 오그라들면서 이 先人의 氣風을 잃어버린 것이라고 한다. 오늘의 우리가 개인으로서 어떻게 작고 좀스럽고 가볍고 까부는데 떨어진 것일까. 이 같은 性情은 일어나는 자의 것이 아니고 넘어가는 자 또는 이미 넘어간 자의 깨어진 쪽박이요 헤어진 부스러기인 것이다.

檀系 古朝의 너그러움과 扶餘와 高句麗의 내어뻗음과. 이 크고 씩씩한 氣象이 連綿 한 줄기 줄을 그어 新羅와 高麗의 꿋꿋함이 되었고 다시 漢陽朝의 氣脈을 이끄는 뚜렷한 몇 개 點이 되어 오늘 우리들에 이른 것이니 우리들은 이제 옛 先人의 씩씩한 기상에 다시 돌아가 겨레와 나라를 새로 일으켜야 할 것이다. 오늘의 歐羅巴-어떻게 늙어 빠졌는가를 보라. 文藝復興期가 저들의 第二希臘이었다고 하면 오늘의 구라파는 저들의 第二羅馬다. 시들고 마르고 좀먹고 썩고. 넘어갈 者 마침내 넘어가고 일어날 者 일어나고야 마는 법이니 우리들은 저들에게서 기계문명의 부스러기를 주어가짐으로 해서 그 넘어갈 운명에 휩쓸릴 것이 아닌 것이다.

우리들은 저들과 헤어져 일어나는 者의 영용스러운 기적에 돌아감으로 해서 새로운 太平洋時代를 담당하는 씩씩한 겨레가 되어야 할 것이다.

自由의 生誕

一

내 주위에는 아득한 自然이 벌어진다. 하늘, 별, 나무, 풀, 산, 바다…… 그런데 이것들은 하나하나가 아름다운 빛과 영롱한 그림자를 던지고 있다. 그리고 하나가 다른 하나에 연달아 진실로 굳건한 또 씩씩한 모습과 움직임을 보이고 있다. 조그만 티끌에서 아득한 太陽系에 이르기까지 그 자신 또렷또렷한 빛과 어울림을 보이고 있는 것이다.

希臘사람들이 世界를 Cosmos(秩序)라고 했거니와 물이 흘러가고 나무가 자라나고 꽃이 피고 봄이 여름에 옮겨감이 얼마나 整然한 秩序를 보이는 것일까. 되는대로, 아무렇게나 이리 엎치고, 저리 기울어지고…… 이 같은 無秩序・恣意・混亂이란 自然 속에는 없고 하나하나가 영롱한 구슬이요 아름다운 가락(曲)이요 향기로운 꽃타래 아님이 없는 것이다. 우리들은 이 같은 秩序와 美와 法則과 調和 속에서 살고 있는 것이다. 谿聲便是長廣舌 山色豈非淸淨身이란 말이 있거니와 우리들이 진실로 마음의 눈을 바로 뜬다고만 하면 우리들 주위에 한없이 幽玄淸淨한 莊嚴한 法界가 展開되는 것을 알 수 있을 것이다.

이 같은 영롱한 秩序라고 해서 그 속에 이 秩序를 헐고 어둡게 만드는 것 같은 面이 없는바 아니다. 벌레가 가지를 쏠고 뱀이 개구리를 삼키는 境遇와 같은…… 그러나 이 같은 한때의 「滅」과 한구석의 「虐」은 全體의 아름다움을 한층 더 드러내기 위함이요 결코 모두를 들어 어둠과 썩음과 피비린내 나는 싸움마당으로 만들기 위함이 아닐 것이다. 自然 속에는 우리로서 보아 얼마든지 不

合理·醜·殺伐·相殘이 있기는 하다. 그러나 이것마저 大秩序 大調和를 이루기 위하여 없어서는 안 되는 그림자나 응달이요 그 자신 自然의 근본 뜻이나 본래의 모습이 되지 못할 것이다. 自然의 아름다움, 그 運行의 씩씩함—이것은 우리에게 한없는 勇氣와 情熱과 기쁨과 마음 든든함을 불러일으킨다. 우리 또한 이 自然의 아들로서 自然의 理法과 美와 秩序와 씩씩함을 지켜 自然의 大秩序 大調和에 歸命하고 自然 속에 있으면서 이것을 한층 더 빛내는 者로서의 責任을 다해야 할 것이다.

사람은 물이나 흙에 比하여 自然 속에 가장 늦어서 나타난 者거니와 이 늦어서 나타난 者—自然의 理法을 한층 더 굳건히 드러내는데 依하여 써 어머니인 自然을 넘어서는 者가 되어야 할 것이다.

二

書經에 天行健이란 말이 보였다. 天體의 運行이 씩씩하다는 뜻이다. 論語에 孔子께서 냇가에서 「흘러감이 이와 같다」고 하셨다고 했거니와 自然의 꾸준함을 가르친 말씀일 것이다. 아— 물이 흘러가고 꽃이 피고 철이 바뀌고 별의 돌아감이 어떻게 整然하고 아름다운가를 보라. 自然의 한 토막, 그 조그만 구석치고 이 整然한 理法을 보이지 않음이 없는 것이다.

그런데 이 自然의 秩序와 美가 아무리 아름답다고 해도 그것은 이를테면 그렇게 작정되어 마친 것이라고 할 수 있다. 물이 흐르고 바람이 불고, 이때 물이나 바람이 흐르고 싶어서 흐르고 불고 싶어서 부는 것이 아닐 것이다. 흐를 수밖에 없어서 흐르고 불수밖에 없어서 부는 것이니 자세히는 흐르는 것이 아니고 흘러지는 것이고 부는 것이 아니고 불어지는 것이 될 것이다. 싹이 올라오고 잎이 무성하는 것도 마찬가지일 것이다. 봄이 여름에 옮겨가는 것도 마찬가지일 것이다. 우렛소리가 나고 번갯불이 일어나는 것도 마찬가지일 것이다. 地球가 太陽 주위를 돌아가는 것도 마찬가지일 것이다.

自然은 분명히 그렇게 밖에 더 될 수 없는 것의 世界다. 自然은 Mechanism의 世界다. 自然은 Müssen의 世界요 그렇기 때문에 꽁꽁 붙들어 매인 Passive의 世界다. 太陽이 水面을 내려쬐니 水蒸氣가 될 수밖에 없고 올라가서 찬바람을 만나니 적은 물방울이 될 수밖에 없고 그것이 모이고 무거워지니 떨어질 수밖에 없고 떨어지니 아래로 흐를 수밖에 없고…… 이 모양으로 고리와 고리가 한없이 연달은 것이 自然일 것이다. 그러므로 自然에는 그렇게 될 수도 있고 그렇게 되지 않을 수도 있는 이를테면 고리와 고리 사이의 떨어진 間隔이 있을 수 없을 것이다. 自然에는 싸늘한 必然性, 因果律이라고 부르는 쇠사슬이 있을 뿐이요, 아직 自由가 주어지지 않았다. —이렇게 말할 수가 있을 것이다. 풀이나 나무는 무성하고 시들고 하는 것이 그 原因을 자기 밖에 갖는 것이요 자기 스스로는 이 因果律에서 벗어나 제멋대로 墜落할 수 있는 自由조차 주어진 것이 아닌 것이다.

自然의 아름다움은 결국 盲目的인 機械的인 아름다움이라고 할 수밖에 없을 것이다. 自然의 秩序가 한없이 幽玄하고 씩씩하거니와 그것이 여전히 어두운 秩序로 남아 있는 것이 이 때문일 것이다.

三

사람도 물론 自然 속에 있고 또 그 자신 自然의 하나다. 우리들은 우리들 속에 自然의 法則이 놀랍게 들어와 있는 것을 볼 수가 있다. 나고 자라고 늙고 죽고…… 이것은 宛然히 人間에 있어서의

自然의 面일 것이다. 먹고 자고 병들고 다시 건강을 회복하고 몸이 피곤하고 기분이 상쾌하고…… 이것도 人間에 있어서의 自然의 面일 것이다. 그렇기 때문에 이 같은 人間에 있어서의 自然의 面은 그것이 우리들 자신이 하면하고 말면 말고 쉬면 쉬고 걷어치우면 걷어치우고 할 것이 못 된다.

그런데 사람에게는 이 같은 自然의 面 즉 그렇게 밖에 더 될 수 없는 일 외에 그렇게 될 수도 있고 그렇게 되지 않을 수 있는 새로운 일이 맡겨졌다. 사람에게는 自然에서 보는 必然性이나 機械性外에 自然에서 찾아볼 수 없는 새로운 性格이 맡겨졌다. 이것이 사람에게 맡겨진 그리고 사람과 함께 이 세상에 온 自由일 것이다. 그렇게 밖에 더 될 수 없는 꽁꽁 붙들어 매어진 Müssen의 世界로부터 그렇게 될 수도 있고 그렇게 되지 않을 수도 있는 새로운 Können의 世界가 우리에게 맡겨진 것이다. 거짓말한 境遇에 있어서 그 사람이 그렇게 할 수밖에 없었고 또 모든 사람이 그 境遇에 있어서 그렇게 밖에 할 수 없는 것이라고 하면 우리들은 거짓말한 사람을 나무랄 수가 없을 것이다. 사람을 죽인 境遇도 마찬가지일 것이다. 거짓말을 할 수 밖에 없어서 거짓말을 했고 사람을 죽일 수밖에 없어서 사람을 죽였다 고하면 그리고 그렇게 하지 않을 길이 꽁꽁 막혔다고 하면 이것은 한 것이 아니고 해진 것이고 죽인 것이 아니고 죽여진 것이니 물이 흐르고 바람이 부는 境遇와 마찬가지로 그 事態 그 經過를 가리켜 善이라 惡이라, 正이라 不正이라 일컬을 수 없을 것이다.

사람의 마음가짐이나 행함에 이르러서는 아무리 사정과 조건과 그를 유혹하는 動因이 있었다고 하더라도 넉넉히 그 책임을 물어야 할 것이다. 같은 사정 같은 조건 같은 유혹 아래 있어서도 그렇게 하지 않을 수도 있었다. －이것이 사람의 모습이요 힘이요 빛이요 씩씩함일 것이다. 구호사업에 쓰겠다고 해서 아무렇게나 시계를 들여와서 안 되고 비행기에서 내렸다고 해서 허투로 캐비넷을 들어서 안 되는 것이 이 때문이다.

사람은 물론 나아가 善을 행하고 넉넉히 義을 북돋울 수 있도록 생긴 것은 아닌 것이다. 그러나 아무리 本能·感情·氣分·衝動에 얽매여 있다고 해도 말을 바꾸면 自然에서 온 必然性과 機械性에 얽매여 있다고 해도 이것을 물리치고 새로운 자기를 세워야 하는 自由가 맡겨진 것이니 이 自然의 아래로부터 自由의 아래 옮아온 것을 우리들은 우리들에게 내리는 하나의 恩寵으로 알아 이 恩寵을 받들기에 힘써야 할 것이다.

四

사람이 세상에 온 것은 하늘의 命令 天命을 받들기 위해서 온 것일 것이다. 善을 행하고 義를 북돋우기 위해서 온 것일 것이다. 그런데 사람에게는 이 天命을 받드는 일을 妨害하는 힘이 作用하고 있다. 이것이 無明이요 煩惱요 物慾이요 사탄일 것이다. 惡은 惡으로서 번창하기 위해서가 아니고 우리들이 이것을 물리치고 여기에서 벗어나 굳건히 善을 행할 수 있기 위해서 주어진 것이라고 할 수 있을 것이다.

로마인 書에는 내가 원하는 善은 이것을 행하지 못하고 내가 원하지 않는 惡은 이것을 행한다는 말이 보였다. 그리고 또 내가 원하지 않는 惡은 이것을 행하고 내가 원하는 善은 이것을 행할 힘이 내게 맡겨지지 않았다고 했다. 사람은 善을 넉넉히 행할 수 있는 者는 못 될 것이다. 하늘에게서는 아버지 외에 善한 者가 없다고 한 그리스도의 가르침이 있거니와 善을 행할 수 있는 者가 못되고 겨우 善을 원할 수 있는 者로 주어진 것을 우리들은 다행스러운 일로 알아야 할 것이다. 나무나 풀은 자기 스스로의 힘으로 자기가 원해서 善을 행할 수 있는 者가 못 되거니와 善을 행하지 못하는 대로 善을 원하는 者조차도 못 되는 것이다. 善을 원하는 心情이 우리에게 주어진 것은 善이 굳건히 행해지지 못하는 슬픔과 안타까움이 있기는 하지마는 이 心情 하나 때문에 自然에 대한 偉大한 反抗이 建立되었다고 할 수 있을 것이다.

사람에게 마음이 맡겨진 것은 이 善을 원하기 위해서일 것이다. 이 善을 원하기 위해서 맡겨진 우리 마음머리에 虛妄과 固執과 物慾과 嫉妬의 더러운 물결이 사납게 끓어올려 잠시라도 그 본래의 마음자리를 제대로 두는 법이 없거니와 이것 역시 이 더러운 激浪 때문에 빛나는 본래의 마음이 삼켜지기 위해서가 아니고 이것을 박차고 耿耿히 그 光彩를 놓기 위해서일 것이다.

우리들은 人間에게 맡겨진 自由가 이 意志에 있어서의 自由요 行爲에 있어서의 自由가 되지 못함을 슬퍼한다. 그러나 마음뿐으로라도 耿耿一念이 善을 원하여 千兵萬馬로 몰아오는 사탄의 氣勢와 싸우면서 그렇게 밖에 더 될 수 없는 Müssen의 世界에 逆轉되지 않고 어디까지나 그렇게 될 수도 있고 그렇게 되지 않을 수도 있는 人間 자신의 꿋꿋한 自主性을 지켜 다시 나아가 하늘의 命令을 받드는 道理와 使命을 세우는 데서 우리들은 自然에 앞서는 人間의 씩씩함을 읽어야 할 것이다.

歷史·傳記

民主主義革命

一

西紀 一七世紀의 英國에 있어서 地主와 商人과 그밖에 소수의 사람들이 政治에 참가했다. 一七七六년의 미국혁명과 一七八九년의 불란서혁명은 모든 사람이 평등한 권리를 가진다는 것과 모든 사람이 한가지로 정치에 참여하여야 한다는 것을 주장했다. 이 같은 민주주의적인 정신이 第 ·佛蘭西共和國의 힘에 의하여 전 구라파에 전파되었다. 그리고 그 뒤 이 정신이 많은 개혁과 혁명을 불러일으켜 혁명의 해라고 부를 수 있는 一八四八년에 이르러서는 바로 그 절정에 도달하였던 것이다.

一七八九년 불란서혁명보다 앞서서 一七七六년 미국 독립선언서가 제퍼슨에 의하여 기초되었다. 이 선언서는 다른 文獻이 도저히 그것을 따라갈 수 없을 정도로 굳세고 또 아름답게 人權을 선언했다. 「모든 사람은 평등하게 만들어진 것이다」라고 제퍼슨은 독립선언서 속에서 가르친다. 「生命과 自由와 그리고 幸福을 追求하는 일이 모든 사람의 권리인 것이다. 이 같은 권리를 확보하기 위해서는 정부가 조직되어야 한다. 그런데 정부의 모든 권력은 인민으로부터 이것이 나온다. 만일 어떠한 정부가 이 같은 목적을 파괴하는 것이 될 때에는 이 정부를 뜯어고치거나 아주 없애버리는 것이 인민의 마땅한 권리다.」 이 같은 말에 의하여 제퍼슨은 北美에 건너가 사는 사람들의 영국에 대한 반항을 정당화하는 데 그친 것은 아니었다. 모든 사람이 평등한 권리를 가진다고 주장하는 데 의하여 그는 단순히 美洲에 있는 사람에게만 호소한 것이 아니고 모든 곳에 있는 사람들에게 이를테면 미국과 한가지로 불란서에 있는 사람들에게 이것을 호소했던 것이다.

一七七六년 이 미국 독립선언서의 정신은 여러 나라에 그 反響을 불러일으켰다. 미국 독립전쟁에 참가하여 싸우던 불란서 사령관이 본국에 돌아오면서 미국 독립선언서 한 벌을 가지고 와서 그것을 벽에 붙였다. 그는 그 옆에 한 빈 공간을 내어놓고 그는 말하기를 이 공간은 제퍼슨에 동감하는 불란서 사람들이 장차 그들 자신의 文書로써 채울 것이라고 했다.

그런데 이 일이 있은 지 오래지 않아 인권에 대한 불란서 사람들의 선언이 一七八九년 불란서 혁명에 의하여 드디어 발표되었다. 아메리카 혁명은 그것이 민주주의를 위한 위대한 승리이긴 했지마는 그 당시 그렇게 큰 注目은 끌지 못했다. 그 까닭은 西歐의 돈과 힘과 문화의 중요한 중심으로부터 멀리 떠난 海外에 그것이 일어났기 때문이었다. 불란서 혁명은 일어나자마자 곧 여러 사람의 눈을 이끌었다. 그것은 一七八九년에 있어 불란서가 구라파의 지도적 국가였기 때문이다.

불란서 혁명은 불란서의 민족주의를 불러일으켰고 또 그 국가적 통일을 자아쳤다. 그러나 그것은 一七八九년 불란서에서 시작된 중대한 역사적 사건의 이를테면 한 面이었다. 다른 한 면은 민주주의에 대한 정열을 불러일으킨 것과 정치에 참가하는 인민의 권리를 광범하게 확대시킨 일이었다.

아메리카에 혁명이 일어나 불란서 사람들의 자유를 사랑하는 심정을 자극했을 때 불란서에 있어서 모든 계급의 사람들은 한가지로 정부를 개혁하려는 생각이 그들 사이에 높았던 것이다. 비록 그 개혁의 이상이 서로 다르기는 했지마는. 이 같은 민주주의적인 變革에 대한 요망이 특히 第三階級의 사람들 중에 한층 더 심했다. 불란서에서는 승려가 第一階級이었고 귀족이 第二階級이었고 그 나머지 사람들이 第三階級에 속했다. 이 第三階級에 속하는 사람들은 그들 자신의 이유 때문에 불평을 품고 있었다. 그 이유란 것은 이러하다. 거의 모든 세금이 가난한 사람에게 賦課되었다. 농부들은 領主에게 바치는 苛酷한 負擔과 교회에 바치는 十一租 때문에 어떻게 할 수가 없었다. 領主들이 가진 특권 가운데 가장 심한 것이 사냥이었다. 귀족들이 재미로 하는 비둘기 사냥을 위하여 비둘기가 보호되었는데 농부들은 이 비둘기들이 내려와서 새로 지은 곡식을 먹는 것을 보면서도 비둘기를 잡아서는 안 되기로 되어 있었다. 곡식이 익어 마침 거두려고 할 때 귀족들의 비둘기 사냥 때문에 일년 지은 농사가 통째로 결단이 나는 일이 많았다. 파리의 노동자들 중에 일곱 사람에 하나는 집 없는 빈민이었다. 一七八八년 심한 추위에 煖爐 바로 옆에서 물이 어는 정도였는데 추위와 飢寒의 속에 싸인 그들은 마침내 폭동에까지 나갔다.

이 第三階級에 속하는 상인과 직업인과 농부와 그리고 도시 노동자들이 불란서 전 인구의 十分의 九를 차지했는데 그들은 모두 자기들의 불평을 가지고 있었다.

二

대다수의 불란서 사람들은 정치에 참가하는 경험을 가지고 있지 못했다. 中世紀의 불란서의 국회 즉 三部會가 있기는 했다. 여기에는 세 계급이 각각 그 대표를 가졌다. 그러나 그것이 一五○년 동안 열리지 못하고 있었다. 루이十四世와 그리고 그 후계자들이 다스리는 동안 모든 권력은 국왕으로부터 나왔다. 루이十四世는 「내가 곧 국가다」라고까지 말했는데 이 말은 사실 그대로였던 것이다. 第三階級에게 정치에 참가할 자격을 준 것은 국왕이 돈을 필요로 했기 때문이었다. 루이十六世와 그 王后는 자기들의 호화로운 생활과 귀족들에게 내어주는 年金 때문에 돈이 무척 들었다. 왕후는 五○○명이나 되는 부하를 거느리고 있었고 한 주일에 새 구두 네 켤레씩을 신었다. 그 위에 미국혁명 기간 중 불란서가 미국에 편을 들어 영국과 싸운 결과가 불란서 정부로 하여금 커다란 빚을 지게 했다. 이 같은 困難한 처지에서 국왕은 三部會를 소집했다.

一七八九년 三部會가 소집되었을 때에 第三階級은 국왕과 귀족의 권력을 누를 수 있는 프로그램을 세우려 했다. 지금까지 各部會는 제각기 딴 방에서 모여 따로 따로 투표했다. 이 같은 제도에 의하여 僧侶계급과 귀족계급은 一 대 二로 第三階級을 물리칠 수 있었다. 第三階級은 모든 세 부회가 한자리에 앉아서 함께 섞여 투표하기를 주장했다. 그 까닭은 六○○명 넘는 회원을 가진 第三部會가 각각 三○○명씩을 가진 다른 두 部會를 물리칠 수 있고 이렇게 하여 개혁이 성취될 수 있기 때문이다. 제삼부회는 여덟 주일 동안이나 이 같은 새로운 제도가 채용되지 않는 限 투표를 거절해 왔다. 제삼부회 부원들은 자기들 자신을 국민의 議會라고 선언했다. 그들은 말하기를 자기들이 인민의 九六%를 대표한다고 했다. 국왕이 여기에 해산 명령을 내렸는데 제삼부회의 지도자 미라보는 이렇게 고함쳤다. 「가서 국왕에게 告하기를 우리들은 인민의 의지에 의하여 여기에 있노라, 그리고 우리들은 총칼을 내어대지 않는 한 여기를 떠나지 않을 것이다」. 싸움에 지쳐 국왕은 마침내 양보했다. 「아 좋아, 그대로 내버려두라」－국왕은 이렇게 말하고 모든 대표자들에게 한자리에서 투표하기를 명했다. 세 계급을 대표하는 三部會가 이렇게 하여 불란서 인민을 대표하는 국민의 의회가 된 것이다. 몇 주일 뒤에 국왕은 軍隊를 동원시켰는데 어떤 사람들은 말하기를 이것은 국회를 누르려는데 사용할 것이라고 했다. 파리에서는 흥분된 군중이 거리에 몰려 나왔다. 그들은 破壞할 무엇을 찾았다. 그들은 專制主義의 심벌을 찢어버리는 무엇을 찾고 있었다. 그들은 파스티유監獄으로 몰려갔다. 一七八九년 七월 十四일 이 파스티유監獄의 파괴는 국왕이 사태를 收拾할 힘이 없다는 사실을 보였다. 七월 十四일이 이렇게 하여 민주주의혁명 성취의 기념이 된 것이다. 민주주의를 사랑하는 불란서 사람에게는 이 날이 자기들의 자유를 축복하는 날이 된 것이다.

농부들이 파리에서 일어난 사태를 듣고 그들은 일어나 지주들의 집에 불을 지르고 귀족들의 억압과 모든 拘束을 끊어버렸다. 국민의회에 있는 귀족들은 생각하기를 자기들에게 바쳐오던 세금 일부를 면제하면 그 나머지는 다 바칠 것이라고 생각했다. 一七八九년 八월 四일 저녁 귀족들은 이 같은 내용을 가진 法律案을 제출했다. 그런데 자기 자신 영지를 가지지 않을 젊은 伯爵 하나가 일어나 세납 전부를 철폐하자는 제안을 하여 전 국민의회는 크게 놀라났다. 第三部會는 폭발되는 歡呼로써 이 제안을 받아들였고 같은 정열이 다른 두 部會의 의원들에게도 전파되었다. 귀족과 승려들은 이 문제를 둘러싸고 밤새도록 사나운 논쟁을 계속했다. 나중에 동이 훤히 밝아올 때 사무장이 의장에게 조그만 종이쪽지를 가져다주었다. 거기에는 이렇게 씌어져 있었다.「회의를 연기하시오. 부원들이 정당한 판단을 잃었으니.」

一七八九년 八월四일 밤과 그 뒤에 통과된 법률에 의하여 농부들은 이 귀족과 승려들에게 稅納을 바치지 않고 자기들의 땅을 소유할 수 있게 되었다. 그 뒤에 농부들은 귀족과 가톨릭교회로부터 몰수된 땅을 사 가지게 되었다. 이렇게 하여 땅이 얼마 안 되는 값을 내고 농부들의 손에 들어오게 되었다.

이 동안에 國會는 착한 정치의 원칙을 陳述한 文書에 의거하여 일하기 시작했다. 一七九一년에 그들은 유명한 人權宣言을 採擇했다. 이 문서는 다음과 같은 근본 사상을 주장했다－모든 사람은 권리에 있어서 평등하다. 모든 사람은 마땅히 그 시민자유를 누려야 할 것이다. 인민의 同意 없이는 어떤 정부도 서서는 안 된다. 이 같은 것이 비단 불란서 사람만의 권리가 아니고 모든 사람의 권리가 되어야 한다고 선언되었다. 이 선언을 기념하기 위하여 기념식이 거행되었는데 거기에는 전 구라파로부터 많은 사람이 초청되었다. 프로시아의 혁명가 크루Wm 백작은 이 축하식에 참렬하기 위하여 세계 각국에서 모여온 一團을 인솔하게 되었다. 그 속에는 중국 사람도 있었고 흑인도 있었고 긴 수염을 휘날리는 킬리아 사람도 있었다.

三

이 國民議會는 민주주의 전 원칙을 실제에 옮기기 시작했다. 長子相續權 즉 장자가 아버지의 모든 재산을 상속하는 권리가 폐지되었다. 이제부터는 여러 아들들이 아버지의 재산을 평등하게 상속하기로 되었다. 모든 稱號가 폐지되었다. 사람들은 자기를 시민 아무개라고 부르기로 되었다. 유태 사람들과 新敎信者들은 시민으로서의 완전한 권리가 주어졌고 가톨릭 신자들뿐이 가지고 있을 수 있는 신앙의 자유가 주어졌다. 국가의 수입을 올리기 위하여 국민의회는 교회 소유의 토지가 국가에 속한 것임을 선언했다. 가톨릭교회는 혁명에 반대했다. 그래서 그 세력을 분쇄하기 위하여 국민의회는 僧侶들이 인민에 의하여 선출되어야 할 것으로 만들어 놓았다. 불란서 식민지에 있어서 노예제도가 폐지되었는데 그 결정은 참으로 劇的場面이었다. 한 늙은 흑인 여자가 방청석에 앉아서 이 결정을 듣고 흑인에게도 역시 인권이 인정된다는 기쁨에 그만 기절해서 쓰러진 일도 있었다.

인권선언의 중요한 個條는 다음과 같다.

一, 사람은 나면서부터 자유롭고 또 권리에 있어서 평등하다. 사회적인 구별은 오로지 일반적인 福利의 증진을 목적으로 해야 한다.

二, 모든 정치적 단체의 목적은 인간의 자연권을 보존하는 일이 되어야 한다. 이 같은 권리란 자유·재산·안전 및 억압에 대한 반항이다.

六, 법률은 일반적인 의지의 표현이다. 모든 시민은 직접적으로서나 또는 자기의 대표를 통하여 법률제정에 참가할 권리를 가진다. 인민을 보호하거나 처벌하는데 있어서 예외가 있어서는 안 된다. 모든 시민은 법률 앞에서 평등한 것이기 때문에 평등하게 그들의 능력에 의하여 모든 높은 지위에 모든 公的인 지위와 직업에 선출될 권리가 있다.

七, 사람은 누구나 법률에 규정된 경우 이외에 고발되거나 체포되거나 감금되어서는 안 된다.

一〇, 사람은 누구나 종교상의 견해를 표명한 그의 의견 때문에 그 발표가 법률에 의하여 설정된 公的 秩序를 어지럽게 하는 것이 아닌 限 권리가 상실되어서는 안 된다.

一一, 思想 또는 견해의 자유로운 傳達은 인간의 가장 고귀한 권리의 하나다. 그렇기 때문에 모든 시민은 자유롭게 말하고 글 쓰고 또 이것을 인쇄할 수 있다. 그러나 이 자유를 법률의 정하는 限界 안에서 사용하여야 하는 책임을 가진다.

一二, 재산은 침해되어서는 안 될 신성한 권리이기 때문에 누구나 합법적이라고 결정된 公的 必要가 그것을 확실히 요구하는 경우가 아니고서는 내어놓거나 收用당해서는 안 된다. 그런데 수용될 때에 있어서는 그 소유자는 미리 또 적당하게 보호되어야 한다.

이 같은 人權을 宣言하면서 국민의회는 정치의 실권을 국왕의 손으로부터 옮겨가지는 계획을 세우고 있었다. 처음에는 국민의회는 영국에 있어서와 마찬가지인 內閣制度를 만들려고 했다. 그러나 이 계획이 실패되었다. 루이十六世는 국민의회의 하는 일을 방해했다. 국민의회가 가톨릭교회를 공격했을 때 그는 국민의회에 반대하여 다른 나라의 君主 특히 오스트리아와 프로시아의 지배자들과 연결했다. 내각제도는 국왕이 거기에 협력하지 않고 반대로 움직일 때는 일을 할 수 없었다. 다른 나라 왕들이 루이十六世를 돕기 위하여 불란서에 침입했을 때 과격한 민족주의자 딴트가 영도하는 국민공화국이 성립되었다. 완전한 민주공화국 헌법이 제정되었는데 거기에 있어서는 모든 사람이 투표할 권리를 가졌다. 이 헌법은 실시를 보지 못하고 말았다. 국경 최전선에서 이 새로운 공화국은 국왕들의 군대인 적군에 만났다. 나라 안에서는 귀족과 승려들의 선동에 의한 폭동이 일어났다. 신속히 이 사태에 이기기 위하여 모든 권력이 公安委員會라고 불리어지는 몇 사람으로 된 단체에 주어졌다. 이 단체가 엄격하게 그리고 무자비하게 모든 곤란을 처리했다. 지배의 한 수단으로 피 흘리는 테로를 사용하여 마침내 국왕과 황후를 사형에 처했고 수백 명의 귀족을 사형대에 보냈고 그리고 혁명이 지나치게 가혹하다고하여 여기에 반대하는 온건주의자들을 내어쫓기 시작했다. 외국군대의 침입이 도리어 애국적인 감정을 불러일으켜 수많은 의용군의 궐기를 보게 되었던 것이다. 第一佛蘭西共和國은 공안위원회가 영도하는 戰時독재정권이었기 때문에 민주주의적이 되지 못했다. 그것은 평등을 가져오기는 했다. 그러나 완전한 자유를 가져온 것은 아니었다.

四

남아메리카에 있어서 서반아와 포두아의 식민지들은 반란을 일으켜 자기들 자신의 정부를 세웠다. 서반아 식민지의 지도자들은 인권을 신봉했고 불란서 혁명을 찬양했다. 남아메리카의 새로운 공화국들이 사실상 군사적인 독재자들에 의하여 지배되기는 했지마는 노예제도가 폐지되면서 인권이 선언되었다. 구라파에 있는 군주들에게는 이 남아메리카에서 진행되고 있는 사태가 민주주의적인 叛亂의 위험한 실례로 보였던 것이다.

영국과 미국은 구라파의 지배자들이 반란을 진정 진압하기 위하여 군대를 보내는 것을 막았다. 영국 상인들은 이 새로운 남아메리카 사람과의 무역으로부터 많은 이익을 보았는데 그렇기 때문에 영국은 그들이 다시 정복되는 것을 원치 않았다. 미국의 입장은 一八二三년 먼로 대통령에 의하여 闡明되었는데 이른바 먼로주의가 그것이었다. 메테르니히와 그의 동맹자에 의하여 대표되는 政治形態는 먼로에 의하면 아메리카의 정치형태와는 전연 같지 않은 것이었다. 그렇기 때문에 미국은 남아메리카에 있어서의 구라파의 간섭은 도저히 허락할 수는 없었다.

불란서 혁명과 나폴레옹 전쟁과 메테르니히 정치의 기간을 통하여 미국은 민주주의가 어떻게 일할 수 있는 것임을 보여주고 있었다. 미국 혁명은 영국의 淸敎徒의 혁명 불란서 혁명 그리고 남아메리카의 독립전쟁과 같지 않아 군사적인 독재권에 나가지는 않았다. 미국 혁명의 군사적인 지도자 워싱턴은 그 대신 지금 미국 사람들이 그 아래서 살고 있는 제도를 만들고 또 그것을 실시하기에 열중했다. 미국의 헌법은 불란서 혁명이 시작된 해인 一七八九년에 실시되었다. 이태후에 인권법안이 채택되는데 미쳐 시민의 자유를 보장했고 그리고 납세제도와 국회법을 제정했다. 그리고 미국 헌법은 대통령에게 군대에 대한 統帥權과 외국과의 교섭권과 그리고 법률의 시행에 대한 감시권을 부여했다. 대통령은 큰 권력을 가지기는 했지마는 그는 四년마다 시행되는 선거에 의하여 선거되었다. 그리고 그밖에도 예산과 법률안의 통과는 국회의 힘에 의하여야 하고 그밖에도 국가의 수입 지출과 법률안의 통과에 있어서는 국회의 힘에 의하여야 하고 內亂 收賂 그밖에 罪와 非行이 있을 때는 재판을 받거나 파면되어야하고 그 이외에도 그의 권한을 제한하는 많은 규정이 있다.

미국 정부는 차츰차츰 민주주의적인 것이 되어 갔다. 헌법이 제정된 뒤에 오래지 않아 정당들이 생겼는데 이 정당들은 시민으로 하여금 자기들의 지도자를 선택하고 의견의 차이를 평화로운 방법에 의하여 처리하게 했다. 一七八九년에는 十三州 중에 모든 사람에게 「선거권과 공직권을 그들의 종교 또는 재산에 관계없이 모든 사람에게」 그것을 賦與한 州는 하나도 없었다. 모든 사람에게 주기로 한 최초의 州는 버몬트였다.

이 버몬트는 一七九一년에 聯邦에 가입했다. 새로 가입된 西部의 州에 있어서는 백인은 누구에게나 선거권과 공직권이 주어졌다. 그리고 오래된 州들은 차츰차츰 서부의 例를 따라갔다. 一八二八년 잭슨이 대통령에 선출되는데 미쳐 모든 白人에 대한 평등한 권리가 미국 전체에 행해지게 되었다.

시골 농부들과 도시의 노동자들은 누구나 이 잭슨 대통령을 좋아했다. 그가 대통령으로 취임하는 날 많은 사람들이 백악관에 모여들어 자기들의 좋아하는 영도자를 보려고 그릇을 엎지르고 흙탕발로 의자에 올라서고 하는 야단이 났다. 「오늘은 우리들 인민의 날이다」라고 한 사람이 말했다. 「인민의 대통령이고 인민이 다스릴 것이다」. 구라파에서 온 참관자들은 이 광경을 보고 놀라지 않을 수가 없었다. 그러나 그들은 이 자라나는 민주주의의 힘과 발전을 보는데 의하여 많은 감명을 받았다. 이 미국의 성공은 구라파 사람들을 일으켜 이 새로운 제도를 자기들 자신의 나라에 옮겨보려는 노력을 불러일으켰다.

예수의 生涯

一

예수(Jesus)의 生涯에 關하여 史料에 依해서 알 수 있는 것은 극히 적은 斷面뿐이다. 福音書의 記述도 이 짧은 동안의 公的 活動에 局限되었고 또 그것조차 우리들의 모든 부름에 대답하는 것은 아니다. 福音書의 記者들은 물론 嚴密한 意味의 歷史的인 著作이 아니고 어린 信徒들을 救主로서의 Jesus에 대한 튼튼한 信仰속에 이끌고 나아가 새로운 信徒들을 얻기 위한 宗教的인 教化的인 著作을 쓰려고 한 것이었다.

그러나 우리들은 이 福音書로부터 重要한 일들을 알 수가 있다. Jesus의 救主로서의 行蹟과 說教에 關한 뚜렷한 形像, 그리고 洗禮로부터 죽는데 이르기까지의 그의 公的 活動의 大體의 經過를 우리들은 알 수 있고 또 敍述할 수도 있다.

그의 公的 出現 以前의 일에 대하여 우리들의 아는 바는 매우 적다. 그가 난 해와 날조차 자세치 않은데 紀元前 六乃至 四世紀頃이라고 推定된다. 十二月 二十五日을 그의 生誕日이라고 하여 크리스마스라고 부르는 것은 紀元 第四世紀 以後의 信仰에서 온 것이라고 한다. 그는 猶太王國에 屬하는 Galiläa의 한 조그만 村 Nazareth에 王 Herodes의 治世에 자라났는데 이 일은 舊約聖書에는 보이지 않았다. Nazareth은 그의 故鄕이었고(Mark 6, 1) 또 그는 나사렛 사람이라고 불리었다(Mark 1, 23). 그의 어린 시절에 關해서는 누가福音에 열두 살 때 聖殿에 가셨다는 이야기가 있을 따름이다. 그는 어머니 마리아와 함께 극히 고요한 또 敬虔한 家庭에서 자라났다. 그는 어려서부터 맑고 넓은 눈동자로 自然과 人間을 바라보았고 또 깊은 畏敬의 感情 속에서 神의 사랑과 恩惠에 대한 두터운 信仰에 이끌렸다. 이리하여 때가 마침 차가려고 할 때 Jordan江에서 한 사람의 豫言者 洗禮요한(Johannes)이 나타나 하늘나라의 가까움을 傳하고 悔改를 재촉했다. 罪와 괴로움에 지칠 대로 지쳐 마음깊이 하늘나라를 그리워하는 사람들에게 이 「曠野에서 외치는 者」의 소리는 그들을 기인 잠에서 깨어 일으키는 것이었다. 사람들은 앞을 다투어 거기에 나와 하늘나라를 맞는 覺悟의 표적으로 Jordan江에서 洗禮를 받았다.

예수도 역시 Johannes에게 나아온 사람의 하나였다. 洗禮를 받고 물에서 올라올 때 그는 하늘이 열리면서 神의 靈이 비둘기같이 그에게 내리는 것을 보았고 너는 내 아들이라고 부르는 하늘로부터의 소리를 들었다. 이때 그는 神이 자기에게 한개 새로운 그리고 한없이 높은 課題를 指示하는 神으로부터의 召命을 經驗한 것이었다. 그가 그 뒤 얼마동안 마음의 平靜과 內面的인 準備를 위하여 人家에서 멀리 떠난 곳에 가서 혼자 지났다는 것은 있을 수 있는 일이다. 그의 公的 活動이 시작되기 전인 이 時期에 福音書의 記者들은 그가 惡魔의 誘惑과 싸워 마침내 이기는 이야기를 거기에 두었다. Jesus는 猶太사람들의 政治的인 Messiah觀에 대해서 이것을 反對했다. 그러나 그는 Israel이 기다려온 救主 Messiah가 자기라고 하는 흔들리지 않는 自信을 가지게 되었다.

二

洗禮요한이 잡히어 獄에 갇힌 뒤 그는 Galiläa에 돌아와 그의 宣教를 시작했다. 그의 活動이 約 一年 동안 밖에 더 계속되지 않았던 것으로 보아 그가 宣教를 시작한 時期는 復活祭 前後였던 모양이다. 그는 Galiläa 湖水의 西쪽 언덕에 있는 거리 Kapernaum에 나타났다. 거기서 그는 그의 첫 번 弟子들을 얻었고 또 거기서 說教와 병 고치기로 크게 소문이 떨쳤다. 集會所 Synaogog는 그가 群衆을 가르치는 데 좋은 場所가 되었다. 이밖에도 그는 群衆 또는 個人을 가르치기 위하여 모든 機會를 놓치지 않았다. 잔치하는 데서나 친구의 집에서나 거리에서나 들에서나 산기슭에서나 배에 앉아 바닷가에서나… 그는 기회만 있으면 그들을 가르치는 것이었다. 그의 說教는 깊은 印象을 주었다. 그는 병으로 괴로워하는 많은 사람들을 고쳐주었는데 이 奇蹟的인 힘에는 자기 스스로도 놀랐다. 그의 救主로서의 힘과 사랑은 사람들의 몸의 병까지도 낳게 해주었다. 그러나 그는 異蹟을 행하는 者로 알려지기를 원치 않았다. 그는 靈魂을 고치는 者가 되려고 했고 또 그 자신의 永遠한 使命을 펴는 者가 되려고 했다. 그의 活動과 成果는 Galiläa 全域에 떨쳤다. 그는 열두 弟子를 그들을 가르치고 또 자기를 돕게 하기 위해서 불러 모았다. 이 열두 弟子 중에 Petrus, Johanes, Jakobus 세 사람이 特히 그를 따랐다. 이 세 사람들 周圍에 다시 그들을 에워싼 이들이 있었는데 이밖에 女人들도 그를 따르는 이들이 있었다. 이 女人들은 특별한 信賴와 奉仕의 情을 가지고 그가 죽을 때까지 또 그의 무덤에까지 그를 따랐다. 이 열두 弟子를 그들의 使命을 나라의 끝에까지 펴게 하기 위하여 내어보냈다. 가을의 收獲을 위하여 진실로 손이 바쁘기 때문이었다. 그들은 그들 자신의 成果에 대한 기쁨과 滿足을 안고 돌아왔다.

갈릴리의 아름다운 봄 하늘은 맑고 平和로운 햇빛을 받아 한없이 빛나는 것이었다. 그러나 거기에는 벌써 어두운 그림자가 떠오르기 시작했다. 바리새 사람들과 學者들은 Jesus의 하는 일이 자기들의 하는 일과 맞지 않는다고 하여 또 한편 Jesus의 成功이 못마땅하기도 해서 그를 미워하고 그를 누르려고 했다. 그들은 律法에 대한 예수의 自由로운 態度와 그가 罪人과 稅吏를 가까이 하는 일이 마음에 거슬렸다. 그들의 예수에 대한 이 頑冥스러움은 度를 지나쳐 병을 낳게 하는 힘조차 惡魔에게서 나오는 것이라고 했다. 그 자신의 家族들 조차 그를 잘못 알았다. 어머니의 兄弟들이 그를 실성한 줄로 알아 집으로 데리고 가려고 했다(Mark. 3, 20ff). 그의 고향 Nazareth이 그를 버렸다. 「豫言者는 그의 고향에서 버림을 받는 것이었다」. 群衆은 그의 說敎를 반갑게 받아들였으나 그보다도 제각기 자기를 위하여 異蹟을 한층 더 바랐다. 사람들은 그가 Messiah임을 보이는 커다란 이상한 표적이 그에게서 나타나기를 기다렸으나 그들 자신 悔改하려고는 하지 않았다. 한편 요한을 죽인 헤롯이 예수마저 죽이려고 한다는 소문이 들려왔다. 이 같은 事態는 그로 하여금 한때 나라 밖으로 나가려고 하게 했다. 그는 마지막 싸움을 싸우기를 아직 避하려고 했던 모양이었다.

그는 Galiläa를 떠나 北쪽 Tyrus 및 Sidon 地方과 Philippus 地域으로 갔다. 거기서 그는 異邦人들의 병을 고치는 한편 弟子들을 가르치고 이끄는 데 힘썼다. Gäsarea－Philippi에서 그는 자기에 대한 弟子들의 아는 힘을 시험해 보았으나 滿足할 만한 것이 아니었다. Petrus는 예수가 모든 豫言者보다 큼을 알아 그를 Messiah라고 告白했으나 이 Messiah性의 神的인 面을 충분히 붙잡지 못했다. Messiah가 苦難을 받아야 한다는 것은 Petrus에게는 전연 알 수 없는 또 매우 不合理한 일로 생각되었다(Math. f 16, 22f). Gäsarea－Philippi에 있어서의 告白은 예수의 活動의 하나의 轉廻點이 되는 것이었다. 그는 弟子들을 信賴하여 마침내 最後의 決戰을 敢行하기로 했다. 그는 踰越節을 보내려고 Jerusalem에 올라갔다.

三

그는 죽음에 대한 豫感과 또 그 內面的인 準備를 가지고 Jerusalem에 올라가기는 했으나 죽으려고 올라간 것은 아니었다. 그는 猶太 사람들의 信仰의 中心地인 이 서울에서 자기 백성들의 靈魂을 위한 最後의 決定的인 싸움을 싸우기로 했다. 그리고 얼마 동안은 이 싸움이 이기는 것 같이 보였다. Jerusalem에 들어갈 때 群衆은 그를 터질 듯한 歡呼로 에워싸 Messiahkónig로 그를 맞아 들였다. 聖殿을 깨끗이 하는 그의 大膽한 行動에 群衆은 놀랐다. 그리고 그의 能力있는 날카로운 戰鬪的인 說話는 그의 모든 反對者를 눌렀다. 그러나 이 빛나는 바깥 成果에 그가 陶醉되지는 않았다. 그는 民衆을 오래 자기 편에 붙잡고 있으려고 하는 限 그는 그들의 感覺的인 利己的인 Messiah 待望을 滿足시키지 않을 수 없었다. 그런데 이 일은 그가 할 수도 없었고 또 원하지도 않았다. 그의 內面的 本質과 意圖는 群衆에게는 마침내 理解되지 못했다. 豫言者들이 그린 救主의 들어오는 겸손한 恣態를 그들은 생각지 못했다(Sach. 9, 9). 聖殿을 정결케 하는 데서 그는 外部의 權力을 잡고 있는 사두개 사람들과 祭司長들을 원수로 만들어 이 때문에 그들은 그의 전 옛 反對者인 바리새 사람 및 學者들과 結托하여 그를 없애기를 도모했다.

그러나 그들은 詭計를 써서 비로소 그들의 目的을 達할 수가 있었다. Judas가 이 陰謀에 있어서 어떤 役割을 했는지는 잘 알 수 없다. 아마 猶太主義 Messiah 待望이 作用했을 것이다. 그는 그 자신의 어지러워진 마음속으로 Jesus가 필경 權力을 잡게 되고 따라서 Messiah 戰爭의 勝利의 깃발이 휘날릴 것이라고 믿었을 것이다. 예수는 그의 謀叛을 豫感했고 또 이것을 豫言해 왔다. Gethsemane의 고요한 동산에서 그는 弟子들이 잠들어 있는 동안 자기 목숨을 아껴

서가 아니고 그 자신의 높은 使命 및 하늘나라의 아버지에 대한 믿음 때문에 자기 혼자 이 벅찬 싸움을 싸웠다. 이리하여 그는 혼자서 외롭게 싸우고 또 외롭게 이겨 마침내 「믿음을 일으킨 者 그리고 이것을 完成한 者」가 되었다(Hebr. 12, 2).

背叛者 Judas는 그 場所를 알았고 또 거기에 警兵을 인도했다. 잠시 동안의 反抗 뒤에 弟子들은 달아나버리고 말았다. 이 묶인 者를 사람들은 高等審判院에 가져갔다. 거기서 그는 자기를 神으로부터 보내어진 者로 告白했기 때문에 判決을 받았다. 猶太사람들은 그를 總督에게 내어주었다. Pontinus Pilatus가 예수의 罪 없음을 알았으나 세상의 體面과 사람들을 두려워하여 그는 예수를 死刑에 로마의 風習에 따라 十字架의 刑에 處했다.

Arimathia의 Joseph이 十字架에서 그를 내리워 땅에 묻었다. Galiläa에서 온 女人들이 슬픔에 잠긴 證人들이었다. 「미움」과 「어리석음」이 그 目的을 달한 것 같이 보였다. 그러나 그것은 어디까지나 外面上의 勝利었다. 죽음에서 永遠한 生命이 올라왔고 十字架의 屈辱으로부터 神의 힘과 光榮이 솟아올랐다. 로마 兵士들에게 조롱을 받고 비웃음을 받은 者가 二千年 동안에 걸쳐 眞正한 王 「새로운 人間」을 일으키는 者가 된 것이었다.

韓國戰爭

1

第二次大戰이 끝난 지 다섯 해가 넘지 못해서 韓國에서 戰爭이 일어났다. 韓國戰爭은 처음에는 半年이나 一年에 끝날 것 같이 보이던 것이 四年이 지나고 五年이 지나도 끝나지 않고 休戰 아닌 休戰을 맺어 오늘에 이르고 있다. 이 동안 韓國軍과 國聯軍은 많은 괴로운 싸움을 싸웠고 韓國의 國民 및 全自由陣營의 人民들은 많은 高價의 犧牲을 치렀다.

韓國戰爭은 內亂같으면서 戰爭같고 戰爭같으면서 內亂같은 이상한 戰亂으로서 李承晩 大統領은 戰爭勃發 直後 臨時 首都 大邱에서 韓國戰亂의 性格을 소련의 韓國侵略을 물리치는 韓蘇戰爭이라고 規定한 일이 있었다.

韓國戰爭은 韓國의 獨立戰爭이면서 國聯이 자기를 防衛하는 國聯의 防衛戰爭이다. 韓國戰爭은 民族內部의 戰爭이 아니고 民族對 民族의 戰爭인 것이니 韓民族을 侵略하려는 者－밖에 있어 內戰의 形式을 通하여 이것을 侵略한 것에 지나지 않는다. 六·二五의 傀儡軍의 侵攻은 기실 傀儡軍의 侵攻이 아니고 크레믈린의 侵攻인 것이니 韓國戰爭은 韓國의 南北戰爭이 아니고 실상 韓蘇戰爭인 것이다. 韓蘇戰爭은 一九五〇年에 시작된 것이 아니고 一九四五年 蘇聯軍이 聯合軍으로 僞裝하고 北韓에 進駐했을 때 이미 準備되었고 同年 莫府 三相會議 決定에 依하여 이것이 强要되었고 뒤이어 贊託攻勢에 依하여 공공연하게 表明되면서 麗順叛亂, 太白山·智異山·漢拏山·戰鬪, 꾸며낸 演劇인 人民烽起, 甕津戰鬪, 松岳山戰鬪, 이 一聯의 反亂 戰鬪 烽起 衝擊을 通하여 宛

然한 武力戰으로 展開되었던 것이다. 一九四五年, 一九四六年, 一九四七年, 一九四八年, 一九四九年, 그리고 一九五〇年, 이렇게 六年 동안이나 韓國을 弄絡할 대로 弄絡한 蘇聯은 確實히 韓國을 얕잡아보았다. 韓民族을 얕잡아보았고 韓國政府를 얕잡아보았고 韓國軍을 얕잡아보았고 韓民族의 團結과 品位와 反抗力을 얕잡아보았고. 六·二五의 侵攻은 이른바 「祖國統一」이 아니고 蘇聯의 對韓侵略인 것이니 蘇聯 자신이 先頭에 나서지 않고 北韓과 中共을 내세우고 直接 蘇聯軍을 使用하지 않고 傀儡軍과 中共軍을 使用하는데 蘇聯의 對韓侵略의 綿密性 그 覆面性이 있다고 할 것이다.

2

韓蘇戰爭은 全人類의 神聖한 自由와 그 尊嚴한 人權의 守護를 위하여 싸우는 民主陣營의 共産陣營에 대한 國際戰爭으로 展開되었다.

國聯軍이 韓國에 와서 싸우는 것은 릿쥬웨이 將軍이 바로 闡明한대로 남의 나라를 돕기 위한 것이 아니고 各各 自己 祖國의 自由와 그 國土의 守護를 위하여 싸우는 것이다. 韓國은 이 같은 全世界의 自由를 위한 國際戰爭을 위하여 그 國土를 提供했고 그 先頭에 나서서 많은 高貴한 피를 흘렸고 또 지금도 거의 無量한 犧牲이 要求되는 困難한 戰線을 擔當하고 있다. 平和롭고 아름답던 우리 國土에 이 피비린내 나는 苛酷한 戰爭을 끌어들인 者－누굴까. 自然스러운 國土를 分斷하고 誼좋은 民族을 分裂시키고 공연한 思想의 對立을 부채질 한 者－누굴까. 우리들은 韓國의 이 分斷分裂 그리고 相殘을 꾀하고 策謀한 者－한 사람 한 國家인지 두 사람 두 國家인지를 모르거니와 韓國戰爭의 씨를 뿌린 者－韓國戰爭에 依하여 審判을 받는 자리에 끌리어 나가고 있다. 蘇聯, 너는 無産階級革命 人民의 解放을 現世紀의 口號로 부르짖으면서 빨틱海의 조그만 세 나라에 대하여 波蘭에 대하여 그밖에 자기 領內 또는 周圍의 많은 弱小民族에 대하여 저지른 무거운 죄를 씻지 못한 채 韓國戰爭에 있어서 무서운 罪惡을 犯했고나. 國土의 分斷을 固執한 者도 너고 中央政府의 樹立을 防害한 者도 너고 北韓의 數十萬의 아들딸들을 죽음의 戰線에 몰아내어 세운 者도 너구나－ 이렇게 우리들은 近世 貪慾主義 近世 强權慾의 무서운 機械인 蘇聯을 定罪하지 않을 수가 없다.

韓國戰爭은 韓蘇의 面에서 보면 人民解放의 美名 아래 蘇聯이 韓國을 侵略하는 戰爭이고 民主 共産 再陣營의 面에서 보면 資本主義를 打倒하자는 口號 밑에 蘇聯이 全自由陣營을 자기 支配 아래 두려는 野慾的인 戰爭이다.

蘇聯이 信奉하는 새로운 聖書인 唯物史觀에 依하면 歷史에는 歷史的 必然性이란 것이 있다고 하거니와 十月革命을 자랑하는 蘇聯이 오늘에 이르러 侵略戰爭을 敢行하지 아니치 못하는 것 역시 蘇聯의 피치 못할 運命일 것이다. 蘇聯의 歷史는 스탈린이 이끄는 것이 아니고 스탈린 이름 아래 蘇聯史의 論理가 이것을 이끄는 것이니 蘇聯史 자세히는 露西亞膨脹史는 彼得大帝에서 革命露西亞를 거쳐 韓國戰爭에 이르러 그 沒落過程에 들어서 오래지 않아 峻嚴한 世界史의 審判의 法廷에 이끌어 내어질 그 자신의 最後를 바라보고 있다. 蘇聯의 不義가 審判 받은 뒤에는 차례차례로 歷史에 있어서의 不義를 저지른 民族 또는 國家－거기에 끌리어 나갈 것이다. 英國과 印度 蘇聯의 不義를 돕는다고 하면 다음 차례는 英國 및 印度일 것이고 中國과 日本이 그들의 不義에 連絡되었다고 하면 中國과 日本에게 그 차례가 올 것이다. 그런데

韓國이나 美國 자신이 입으로 저들의 不義를 定罪하면서 마음과 행실에 있어서 저들의 不義를 模倣한다고 하면 韓國 또는 美國이 審判받는 法廷에 서게 될 것이다.

韓國戰爭은 어디까지든지 歷史에 있어서의 不義를 征討하는 戰爭이다. 韓國戰爭이 全人類의 崇高한 自由를 위한 戰爭이라고 일컬어지는 것이 이 때문이다. 韓國戰爭은 民主陣營에서 보거나 共産陣營에서 보거나 한가지로 義를 일컫는, 義를 내세우는, 義를 위한 戰爭이거니와 저들에게 있어서는 단순히 義를 일컫는 戰爭임에도 反하여 우리에게 있어서는 그것이 어디까지든지 義를 행하는 戰爭이 되어야 할 것이다. 너희들의 義－바리새 사람들의 義에 지나가지 못하면 하늘나라에 들어가기 어렵다는 그리스도의 가르침이 있거니와 韓國戰爭에 있어서 우리들은 戰爭에 있어서 이기고 道義에 있어서 지는 者가 되지 말고 戰爭과 道義에 있어서 아울러 이김으로 해서 歷史에 있어서 이기는 者가 되어야 할 것이다.

3

一九五〇年 六月 共産侵略者의 侵攻에 依하여 開戰된 韓國戰爭은 侵略者의 戰爭에 대한 豫見을 보기 좋게 깨뜨리고 迂廻曲折을 거쳐 지금은 宛然한 또 重大한 國際戰爭으로 展開되고 있다.

韓國戰爭은 처음에는 第二次大戰의 단순한 치다꺼리 그렇지 않으면 第二次大戰의 連續인 第三次大戰의 序曲같이 보였으나 그 進展에 따라 그 자신의 歷史的 性格을 뚜렷이 들어 보이는 것으로서 韓國戰爭의 歷史的 性格이란 그것이 第一·二次大戰과 區別되는 獨立된 內容 및 意義를 가지는 일에 지나지 않는다. 第一·二次大戰은 十字軍 以後의 歐洲의 많은 戰爭과 한가지로 歐

羅巴的인 性格을 가지는 戰爭이었다. 그런데 韓國戰爭은 歐羅巴的인 性格을 가지는 따라서 歐羅巴 사람의 戰爭이 아니고 歐羅巴的인 것을 넘어서는 것의 性格을 가지는 따라서 歐羅巴 사람 아닌 者의 戰爭으로 發展되고 있다. 韓國戰爭이 國際戰爭이면서도 歐羅巴 아닌 韓國에서 싸우고 있다는 것과 韓國戰線이 韓國軍과 國聯軍의 基幹인 美軍에 依하여 말을 바꾸면 韓美兩軍에 依하여 主로 擔當되고 있다는 것을 우리들은 想起해야 한다. 그리고 韓國戰爭의 目的이 國聯憲章의 精神을 顯彰하는 일에 있다는 것을 아울러 想起해야 할 것이다. 韓國의 國土와 韓美兩軍과 國聯憲章의 精神과, 이 셋이 韓國戰爭의 歷史的 性格을 보이는 表徵이다. 韓國戰爭은 낡은 時代를 維持하려는 戰爭이 아니고 새로운 時代를 새로운 歷史的인 時代를 이끌어오는 戰爭이다. 이 새로운 時代 새로운 歷史的인 時代가 다름 아닌 우리들의 太平洋時代인 것이다.

韓國戰爭은 낡은 大西洋時代로부터 새로운 太平洋時代에 옮아오는 戰爭이다. 낡은 時代로부터 새로운 時代에 옮아올 때 자세히는 낡은 時代를 물리치고 새로운 時代가 그 英勇스러운 모습을 드러낼 때 얼마나 甚한 歷史的 陣痛이 여기에 따르는 것일까. 韓國戰爭 때문에 받는 韓民族의 苦難은 이 같은 歷史的 陳痛이면서 韓民族에 대한 試鍊, 罰 및 教訓의 뜻을 아울러 가진다고 할 수 있다. 韓國戰爭은 東西의 戰爭史에서 보기 어려운 어디까지든지 歷史的인 戰爭이다. 그 形態가 歷史的이고, 그 理念이 歷史的이고, 그 進展이 歷史的이고…… 六·二五事變에서 시작되어 조심스럽게 展開되는 韓國戰爭의 進展過程 갈피갈피 속에는 진실로 無量한 歷史的 意義가 包藏된 것으로서 韓國戰爭을 이끌어가는 者는 어떤 한 民族 또는 國家같은 것이 아니고 다름 아닌 歷史에 있어서의 理性이다. 韓國戰爭은 사람이 만드는 戰爭이 아니고 歷

史 자신이 새로운 時代를 이끌어오기 위하여 자기 스스로 짜 나아가는 戰爭이라고 할 수 있다. 六·二五의 侵攻, 서울의 陷落, 國軍의 後退, 國聯軍의 參加, 國聯總會의 決定, 洛東江戰線, 워카라인, 仁川上陸, 九·二八收復, 北韓進擊, 中共介入, 一·四後退, 서울 再收復, 休戰會談, 捕虜騷動, 鐵의 三角地帶, 白馬高地戰鬪, 아이젠하워 將軍의 戰線視察. 이것은 모두 侵略者 편에서나 우리 편에서 미리 計劃했던 프로그램은 아니다. 韓國戰爭이 歷史에 있어서의 理性에 依하여 이끌린다고 볼 수 있는 것이 이 때문이다.

韓國戰爭은 一九五〇年 六月에 勃發했다. 그런데 이 一九五〇年 六月 二十五日 새벽 三八線 위에서 들린 騷亂한 총소리는 실상 씩씩한 太平洋時代를 열어젖기는 歷史 자신의 우렁찬 信號였다. 아- 世界史는 오랫동안 東洋과 西洋을 헤매다가 마침내 우리들의 손에 돌아왔다. 雄渾한 새로운 東洋史로서의 太平洋時代의 展開. 漢土와 印度가 東洋史의 터전, 에게海와 地中海와 大西洋이 西洋史의 터전이던 때는 韓國은 歷史開展의 中心에서 멀리 떨어져 있는 隱深한 地域이었다. 그러나 歷史가 새로운 터전인 太平洋에 轉廻된 오늘에 있어서 韓國 및 韓民族은 바로 새로운 世界史 開展의 中心에 서 있다.

韓國戰爭이 勃發한 해인 一九五〇年 以後로 歷史의 中心은 宛然히 太平洋地域에 옮아오고 있다. 歷史的 意義를 가진 많은 事件과 움직임이 太平洋地域 안에서 展開되는 것이 이 때문이다. 北大西洋同盟이 얼마동안 새로 結成될 太平洋同盟에 대하여 그 優位를 主張할 것이다. 그리고 英國이나 印度가 韓國問題를 從來의 歐羅巴的方式에 依하여 말을 바꾸면 自己打算的인 方式에 依하여 解決해 보려고 좀 더 劃策할 것이다. 그러나 비킬 者는 마침내 비키고 지나갈 者는 지나가고야 마는 것이니 이 같은 낡은 要素는 새로운 太平洋時代의 歷史的 展開를 막지 못할 것이다. 서울이 太平洋時代의 예루살렘이 되고 韓民族이 새로운 歷史의 主體가 될 時代가 돌아왔다. 金浦空港과 水營空港은 새로운 太平洋時代의 淸新 또 銳利한 觸覺으로서 世界의 모든 새로운 政治와 經濟와 外交와 思想의 秘密을 싣고 다니는 빛나는 우리들의 空港이다. 하늘이 東洋 한 구석에 韓民族을 四千年 동안 五千年 동안 고요하게 간직해 온 것이 깊은 뜻이 있는 것일 것이다.

東方의 한 隱深한 地域에 떨어져 있어 오랫동안 수많은 民族의 興亡盛衰를 바라보고만 있던 古典的인 民族 韓民族이 이제 씩씩하게 일어나 東洋史 및 世界史에 있어서의 義를 顯彰할 수 있는 우렁찬 時代가 돌아온 것이 아닐까. 韓國戰爭은 雄渾 또 多祥할 太平洋時代를 우리 民族의 苦難 속에서 英勇스럽게 열어젖혔다. 우리들 앞에는 우리들 자신을 새로운 歷史를 擔當할 수 있는 새로운 主體, 義를 思慕하고 義의 안에 있는 者로 만들어야 하는 艱難하고도 高貴한 일이 남아 있을 따름이다.

칸 트

1

칸트(Immanuel Kant)는 一七二四年 四月 二十四日 Preussen의 Konigsberg에 가난한 馬具工의 넷째 아들로 태어났다. 兩親이 다 篤實한 信者였는데 어려서 어머니로부터 맑은 宗敎的 心情의 影響을 많이 받았다. 一七三二年 가을 여덟 살 난 칸트는 라틴語學校에 들어갔는데 一七四○年 大學에 들어갈 때까지 여기서 배웠다. 一七四○年 가을 칸트의 이름은 고향의 大學 學生名簿에 실렸는데 어머니는 이날을 보지 못했다. 어머니는 아들이 大學에 들어가기 三年 前에 이웃 사람의 病을 看護하다가 傳染되어 세상을 떠났다.

칸트는 大學에서 豫科인 文科를 거쳐 數學과 自然科學을 공부했다. 그랬는데 그의 關心은 차츰 哲學에 향했다. 一七四六年 아버지가 세상을 떠났다. 어머니와 마찬가지로 아버지의 葬禮도 매우 간촐하게 지냈다. 살림이 넉넉지 못한 탓이었으리라. 가난은 줄곧 칸트의 靑年期를 따라다녔다. 大學을 가까스로 마치고 그는 곧 家庭敎師의 자리를 마련했다. 大學을 마치고 八年 동안이나 家庭敎師 노릇을 했는데 一七五五年 그는 겨우 母校인 大學의 私講師의 資格을 얻었다. 一七五五年 겨울學期부터 그가 講義를 맡게 되었는데 十五年 동안을 이 私講師의 地位에 남아 있을 수밖에 없었다. 一七六四年 伯林으로부터 詩學의 講座를 擔當해 달라는 招請이 있었으나 이것을 辭退했다. 一七六六年 城內 圖書館 副司書로 있었는데 俸給 두 탈레르를 받았다.

2

一七六〇年에 이르러 칸트의 思想에 커다란 變化가 왔다. 이 變化를 소크라테스的 轉廻라고 부른다. 안(內)의 世界 卽 人間의 實踐的 道德的 領域이 數學的 科學的 및 中世形而上學的 領域에 대신하게 된 일이다. 이 같은 칸트의 思想的 發展은 그 當時의 時代的인 潮流와 많은 關聯이 있다. 當時 獨逸의 精神은 오랜 잠에서 깨어 일어나 놀라운 速力을 가지고 새로운 生活의 充實에 향했는데 여기에 다시 英國 및 佛蘭西로부터 새로운 思潮와 運動이 흘러들어와 獨逸의 젊은 魂을 한없이 자어쳤다. 칸트는 가슴을 풀어헤치고 이 새로운 影響을 받아들였다. 그는 Rousseau에 依하여 깊은 感銘을 받았다. 이리하여 칸트는 Newton의 影響 아래로부터 Rousseau의 影響 아래로 옮아왔다. 이때의 칸트의 講義를 들은 弟子의 한 사람은 스승에 대한 記憶을 다음과 같이 叙述했다.

「나는 내 스승인 한 분 哲學者를 아는 幸運을 얻었다. 한껏 젊었던 그는 젊은이의 반가운 勇氣를 가지고 있었다. 그리고 이 勇氣는 내가 알기에는 아주 晩年에까지 그에게 남아 있었다. 그의 널따란, 생각하기 위해서 마련된 이마는 흐려지지 않는 기쁨과 즐거움의 자리(座)였고 그의 생각하게 하는 이야기는 그의 입술에서 흘러나왔다. 그에게는 언제나 유머, 機知가 기다리고 있었고 그의 講義는 가장 즐거운 것이었다. 그는 Leibniz, Wolff, Baumgarten을 批評하던 같은 批評精神으로 Newton, Kepler 및 그밖에 物理學者들의 學說을 硏究했다. 그는 또 그때 바로 나타난 Rousseau의 著作 Emile과 함께 자기가 自然科學에서 안 모든 새로운 發見을 거기에 가져와 이것들의 價値를 論하면서 自然과 人間에 대한 이지러지지 않은 省察에 돌아왔다. 人間과 民族과 自然과의 歷史, 博物學, 數學 및 經驗이 그의 講義와 會話를 살리는 源泉이었다.

알 보람이 있는 것으로서 그에게 無關心한 것이란 없었다. 徒黨이나 敎派나 偏見이나 賣名이나 이것들은 모두 眞理의 擴大와 促進을 막는 것이기 때문에 그에게 조그만 影響도 끼치지 못했다. 그는 聽講者들에게 향하여 자기 힘으로 생각하기를 勸奬했고 또 그렇게 하도록 그들을 이끌었다. 專制主義는 그의 心情과는 아무런 關係가 없었다. 내가 이렇게 最大의 感謝와 尊敬을 가지고 부르는 사람은 Immanuel Kant다. 그의 그리운 자태가 내 앞에 서 있다.」

3

一七七〇年 칸트는 論理學과 形而上學의 敎授가 되었다. 이 조금 전에 Jena大學과 Erlangen大學으로부터 招聘을 받았으나 거기에 가지 않았다. Halle大學에서도 敎授로 招聘을 하려고 했으나 그는 고향을 떠나려고 하지 않았다. 一七七〇年 그는 敎授就任論文「感覺界 및 叡智界의 形式과 原理에 關하여」란 글을 發表했는데 이 論文이 그의 새로운 哲學建立의 지추가 되었다. 一七八一年 그의 有名한「純粹理性批判」, 一七八八年「實踐理性批判」이 나타났는데 一七八〇年代 以後 칸트는 Königsberg 大學에서 가장 重要한 地位를 차지했고 이 멀리 떠나 있는 最高學部는 그가 있으므로 해서 온 歐羅巴에 名聲을 떨쳤다.

그의 집안 살림과 生活習慣은 매우 단순했고 또 規律이 있었다. 어려서부터 그의 體力은 약했다. 그는 키가 작고 가슴이 좀 들어간 편이었다. 그는 어려서부터 음식과 攝生에 주의했는데 이 같은 주의에 依하여 그는 나이 많은 뒤에도 肉體生活 때문에 精神의 消耗를 가져오는 일을 避했다. 그는 一生 동안 結婚하지 않고 獨身

으로 지냈는데 이것은 무슨 主義 때문도 또 女性에 대한 憎惡 때문도 아니었다. 그가 婦人에 대해서 이야기 할 때는 一般으로 尊敬하는 생각을 가지고 있는 것을 엿볼 수가 있었다. 그는 결코 사람들과 만나기를 싫어하지는 않았다. 그는 官吏 商人 書店 사람 같은 이들과 이야기하기를 좋아했다. 一七八○年代에 이르러 처음으로 자기 집을 구해가지고 심부름꾼 하나 食母 하나와 함께 조그만 살림을 차렸다. 점심때면 몇 사람 손님을 불러오곤 했는데 젊은 친구나 學生 중에서 몇 사람을 부르는 것이 通例였다. 그의 하루의 日課表는 아래와 같다. —다섯 시에 자리에서 일어나 일곱 시 또는 여덟 시 講義가 시작될 때까지와 그리고 또는 아홉 시 또는 열 시로부터 한 시 점심때까지 일했다. 晩年에는 점심 식사 때 愉快한 이야기를 섞어가면서 식사 시간을 두세 시간 늘이는 일이 많았다. 그 뒤 한 시간쯤 산보하고 남은 시간을 讀書와 瞑想에 썼다. 열 시면 자리에 누웠다. 이렇게 하여 별로 變化없는 하루하루가 지나갔는데 그때는 啓蒙期가 되어 쉬는 것보다도 일하는 傾向이 많아 休暇가 매우 짧았다. 그는 별로 旅行을 하지 않았다. 칸트는 나중 十年 동안은 Köngisberg 郊外 밖에 멀리 나가지 않았다. 그는 外國의 都市와 地方을 책으로뿐 알았다. 大學에서 地理를 講義한 것이 칸트가 처음이었는데 그는 자기가 가르치는 山脈을 자기 눈으로 본 것이 아니었다. 그는 바다와 海邊에도 나가본 것이 아니었다.

4

그는 책을 좋아했다. 책이 이를테면 그의 世界었다. 그는 오랫동안 書籍商과 같이 있었고 著作을 할 때는 곁에 新刊을 펴놓고 조금씩

들여다보아 精神의 疲勞를 回復했다고 한다. 旅行記나 自然科學書籍 밖에 文學도 좋아했는데 Don Quixote도 읽었고 Montaigne의 作品도 愛讀했다. 그는 가냘픈 것, 感傷的인 것, 放縱한 것, 感情的인 小說이나 눈물을 쥐어짜게 하는 悲劇 같은 것은 이것을 싫어했다.

一七九四年 그의 宗敎에 관한 論旨가 不穩하다고 하여 칸트는 當時의 內閣으로부터 譴責하는 命令을 받았다. 그 回翰에 있어서 그는 學者의 權利를 主張하면서 結論으로서 이 命令에 따라 자기의 見解를 發表치 않기를 約束했다. 어쨌으나 그는 沈默과 平和를 選擇했다. 이 때문에 그는 마침내 殉敎者가 되지 못했고 Sokrates와 같이 될 處地에 놓여있으면서 Sokrates의 運命을 나누지 못했다.

一七九六年 그의 精神力은 갑자기 減退를 보였다. 그는 講義를 그만두지 않을 수가 없었다. 그는 일할 힘을 잃었지마는 그 衝動은 이것을 잃지 않았다. 그는 자리에 누운 대로 더러 종이 위에 펜을 달려보았는데 머릿속의 생각이 잘 갈피가 갈리지가 않았다. 一八〇四年 二月 十二日 한 해 동안의 苦痛 슬픔 괴로움이 있은 뒤 恩寵이 그를 빼앗아갔다. 사람들이 그에게서 들은 마지막 말은 「인제 좋습니다.」라는 말이었다.

그의 친구들이 세운 Stoa Kantiana 寺院에 있는 그의 墓에는 「實踐理性批判」에서 가져온 다음의 말이 새겨 있다.

내 머리 위에는 별이 빛나는 蒼空
내 가슴 속에는 道德律

그런데 이 말은 그의 思想의 兩極을 보이는 말로서 하나는 젊은 시절의 그의 뜨거운 探求의 對象이었고 하나는 晩年의 거의 神秘스러운 情熱의 對象이었다.

獨立協會

一

西紀一八九六년 나는 美國 市民의 자격으로 十二년 만에 고국에 돌아왔다. 정부의 要職에 있는 동지들이 나를 부른 때문이었다. 그랬는데 돌아와 보니 그들은 이미 정부의 요직에서 모두들 떠나버리고 한 사람도 보이지 않았다. 그중 몇 사람은 목숨을 도망하여 시골에 가 숨은 모양이었다. 그 당시 한국정부는 거의 한 달에 한 번씩 그 사람들이 갈렸다.

처음 나와서 나는 中樞院 顧問官의 자격으로 정부를 돕게 되어 있었다. 얼마동안은 高宗과 그의 內閣은 내 개혁안을 받아들이는 것같이 보였다. 그러나 大官들은 그렇게 하는 것이 자기들 사삿 계획이나 특권에 자미 없는 결과를 가져오게 된 것을 알았다. 정부의 大臣들은 高宗에게 말하기를 서(徐)는 임금의 편이 아니고 백성의 편이라고 했다. 백성은 그때에는 임금을 반대하는 무리로 생각되었다. 나와 內閣의 사이는 점점 멀어가 내각은 내 의견을 통 들으려고 하지 않았다. 나는 마침내 미국정부에서 보낸 사람으로 한국정부를 도우려던 생각을 그만두고 한 개인의 자격으로 한국 백성을 위하여 일하기로 했다.

나는 처음으로 英字新聞을 발간했는데 동시에 우리글로도 내어 양쪽 다 독립신보라고 불렀다. 처음에는 週二回를 내다가 나중에 隔日刊으로 고쳤다. 사람들이 열심히 이것을 읽었고 또 部數가 자꾸만 늘었다. 나는 이 신문으로 해서 크게 힘을 얻었고 좋은 성과를 가져오리라는 것을 믿었다. 이 독립신문의 힘이 官吏들의 부패한 행동을 눌렀고 백성들은 점점 이 신문의 言論을 지지했다. 이 조그만 신문이 서울과 그 近郊에만 돌려지는 것이 아니라, 멀리 떨어져 있는 벽촌까지도 들어갔다. 그런데 놀라운 일은 이 신문을 받아보는 사람만이 읽는 것이 아니고 읽고나서 이것을 여러 사람들이 돌려가면서 읽는 일이었다. 이렇게 하여 신문 한 장이 적어도 二〇〇명의 손에 옮겨갔다. 그 까닭으로서는 그때 일반이 매우 가난했다는 것과 또 교통이 지금과 같지 못한 탓이었다.

二

이 모양으로 독립신문이 활발하게 간행되는 것을 보면서 나는 獨立協會를 만들었다. 민영환, 이준, 이승만, 윤치호, 이동녕, 이상재, 그 밖에 여러 동지들이 중심이 되었고 培材學堂을 비롯하여 청년 학도들이 많이 참가했다. 회관으로는 서대문 밖 독립문 옆에 있는 예전 中國使臣들을 영접하던 건물을 사용했다. 이 회관은 많은 사람들이 들어갈 수 있었고 또 넓은 마당이 있어서 公衆集會를 하기에 한국에서 가장 적당한 곳이었다. 독립협회 결성 당시에는 회원이 불과 육칠 명밖에 안 되었으나 석 달도 못 되어 회원 수가 만 명에 가까왔다. 입회하는 회원을 위하여 까다로운 자격 규정도 없었고 입회금 회비 같은 것도 없었다. 이 때문에 많은 사람들이 가입했는데 어떤 사람들은 호기심으로 들어왔고 어떤 사람들은 국회 방식에 의하여 토론되는 공중집회의 훈련을 배우기 위해서 들어왔다.

여기에서 토론되는 문제들은 대개로 정치문제와 경제문제였다. 그러나 종교문제 교육문제도 논의되었다. 시초에는 한인들은 여러 사람 앞에 나서서 연설하는 것이 매우 거북한 모양이었다. 그러나 그들은 차츰 익어져서 얼마 후에는 모두들 유창한 연설을 할 수가 있었다. 내가 보기에는 우리 한인들은 연설하는데 특별한 소질들이 있는 것같이 보였다. 물론 여기에 나와서 하는 연설이 모두가 논리에 맞는 다거나 훌륭한 내용만을 가진 것은 아니었다. 그러나 많은 새로운 사상들이 발표되었는데 이것은 모두 나라와 백성에 유익한 생각들이었다. 그리고 그들이 여러 가지 문제를 토론해 가는 침착하고도 질서정연한 회의 방식이 거기에 모인 사람들에게 많은 감명을 주었다.

三

한 해가 지나가기 전에 독립협회는 놀랍게 자라났고 회원들은 이 협회가 한국에서 생겨난 제도 가운데 가장 뛰어난 것이라고 했다. 내가 놀라난 것은 한국 청년들이 이 같은 국회 방식에 의한 토의훈련에 재빨리 또 지혜롭게 능숙해지는 일이었다. 나는 여기에서 사람들이 서양 여러 나라의 빼어난 국회의원들 모양으로 문제를 솜씨 있게 처리해가는 것을 여러 번 보았다.

이 같은 독립협회의 자라나는 힘을 누르려는 사람들이 있었다. 그것은 정부의 관리들과 그리고 俄羅斯와 일본의 대표자들이었다. 이 두 나라의 대표자들은 한국 인민들 사이에 공정한 여론이 일어나는 것을 좋아하지 않았다. 독립협회의 회원들은 아무런 公的인 지위도 없었다. 그러나 그들은 독립협회원으로서의 자유로운 의견의 발표를 고귀한 일로 알아 그들 자신의 高官들과 좋지 못한 계획을 꾸미려고 하고 있는 외국인들을 비난했다. 일년이 지나기 전에 이 독립협회에 반대하는 氣勢가 백성들의 일부와 한국 관리들과 그리고 어떤 외국 公使들 사이에 만들어졌다.

한국 역사에 있어서 최초로 민중의 힘이 정부에 작용하려고 할 때 俄羅斯가 한국 군대를 훈련시킨다는 명목 아래 많은 군인 간부를 한국에 들여왔다. 이 문제가 독립협회 토의에 제출되어 거기에 참가된 사람에 의하여 여러 각도로 검토된 끝에 그들은 이것이 국가의 防衛力을 남의 손에 넘겨주는 자살적인 일이 된다는 결론 아래 이 일을 중지시킬 것을 정부에 建議하기로 했다. 이튿날 만 명이나 넘는 독립협회원들이 임금이 있는 宮 앞에 모여 아라사 교관을 군대 안에 끌어들이기로 한 약속을 해약할 것을 요구했다. 임금은 여러 번 사람을 내어보내어 헤어져 돌아가라고 했고 아라사 사람을 군대 교관으로 쓰는 것이 조금도 위험한 일이 아니라고 했다. 그러나 모인 사람들은 좀처럼 헤어져 돌아가려고 하지 않았고 또 임금의 諭示를 받아들이려고도 하지 않았다. 그들은 아라사와의 약속이 해약되지 않는 限 宮의 문 앞에서 헤어져 돌아가려고 하지 않았다.

四

俄羅斯公使가 민중의 이 시위운동을 알고 한국정부에 威脅하는 통고문을 써 보냈다. 한국 정부는 강제로라도 이 群衆을 해산시킬 것과 그들의 아라사 정부를 冒瀆하는 언사를 중지시켜야 한다는 것이었다. 만일 이 일을 시행하지 않으면 아라사 정부는 한국으로부터 자기군대를 철수할 것이고 그 결과 생기는 사태에 대한 책임은 한국이 져야 한다는 것이었다. 이 통고문이 군중 앞에 공개되었다. 그리고 그들의 주장을 그대로 고집하는 限 나라에 중대한 사태가 일어날 것이라고 설명해 들려주었다. 그러나 백성들은 정부에 말하기를 어떤 일이 벌어져도 자기들이 그 책임을 지지마는 아라사 군인들이 한국 군대를 지배하는 일만은 참을 수 없다고 强硬히 대어들었다. 한국정부는 마침내 아라사 公使에게 그들의 군대 교관을 물러가게 할 것을 요청했고 이 解約 때문에 생기는 손해를 부담하기로 했다. 이 일이 실현되었다. 이렇게 하여 人民의 意思가 마침내 승리를 가져왔다.

그러나 이 사건이 도리어 독립협회 반대 세력을 增大시켰다. 정부는 전국에 널려있는 褓負商들을 모아 반대단체인 褓負商團을 만들어 독립협회의 진보적인 기세를 꺾는데 사용했다. 정부는 반대단체를 시켜 여러 번 독립협회를 습격하게 했고 나중에는 이준, 이승만, 이동녕 등 十七 명의 독립협회 간부를 漢城監獄에 잡아 가두었다. 一八九八년 五월에 나는 한국을 떠나 다시 미국에 갔다.

독립협회의 해산은 한국 역사에 있어서 가장 불행한 사건이었다. 그러나 한 가지 좋은 결과를 남겼으니 그것은 민주정치의 씨가 이 독립협회의 운동에 의하여 처음으로 한국 땅에 뿌려졌다는 것과 한국 독립운동의 지도자들이 대개로 예전 독립협회의 간부들이라는 것이다. 그들은 독립협회가 넘어간 뒤 그들을 없애어 버리려는 대규모 박해의 길을 피하여 해외에 망명한 이들이다. 一九一九년 선출된 상해 임시정부의 여덟 사람 閣僚 가운데 여섯 사람이 독립협회 회원이었다.

(徐載弼)

愛 蘭

一

愛蘭은 英國에 대하여 忠誠心을 가지지 않았다. 愛蘭 사람들은 자기들의 國土에 대한 사랑이 심하면 심할수록 英國 사람을 미워했다. 大西洋으로부터 뿌려 들어오는 비는 一年 中 約 二〇〇日을 이 섬을 적시는 것이었다. 그래서 거기에는 가는 곳마다 아름다운 牧場이 많다. 農事 짓기에 適當한 땅은 적었지마는 愛蘭은 그 面積에 比하여 다른 나라보다 比較的 많은 家畜을 生産했다. 이것 때문에 英國으로부터 많은 사람들이 와서 紀元 千年으로부터 千三百年에 이르는 동안 土地를 자기들의 손에 넣었다. 여러 百年 동안을 英國의 王들은 자기들의 弱한 이웃을 붙잡고 놓지 않았다. 그것은 愛蘭이 英國을 侵犯하는 다른 나라의 軍隊가 거기를 通하여 들어오는 뒷문이기 때문이었다. 愛蘭을 英國에 붙들어 매려는 努力은 愛蘭 사람으로 하여금 갈수록 英國 사람을 배척하게 했다. 愛蘭의 北東部인 울스터州에 있어서만은 그렇지가 않았다. 거기에서는 많은 愛蘭 사람들이 英國 사람들에게 쫓기어 났고 스코틀랜드 사람들과 英國 사람들이 거기에 와서 살았다. 이 울스터州의 産業의 發展은 愛蘭의 다른 地方에 사는 農夫와 牧畜者들에게는 아무 利益도 가져온 것이 아니었다.

十九世紀에 있어서 愛蘭 사람들에게는 英國 사람들을 排斥하는 特別한 理由 세 가지가 있었다. 하나는 宗教上의 理由였다. 헨리 八世와 엘리자베스 女王은 자기들이 英國에 가지고 있는 것과 같은 프로테스탄트 教會를 愛蘭에 세웠다. 事實上 로마 가톨릭에 屬하는 愛蘭 사람들에게는 그들의 征服者가 强制로 세워놓는 教會

가 必要하지 않았다. 그렇지마는 그들은 프로테스탄트 敎會의 維持를 爲하여 稅金을 내지 않으면 안 되었다.

二

英蘭 사람들이 세운 敎會에 稅金을 내는 한편 愛蘭 사람들은 英蘭 사람 地主들에게 地代를 바쳐야 하는 것이었다. 英蘭 사람들은 愛蘭의 九○%나 되는 땅을 자기들 손에 넣었다. 그렇기 때문에 愛蘭 사람들은 英蘭 사람 地主의 小作人이 되어 가지고 살아갈 수밖에 없었다. 이 같은 地主들의 大部分은 英蘭에서 代理者들이 愛蘭 小作人들에게서 모아온 收入으로 살았다. 이 不在地主들에 依하여 要求되는 비싼 地代는 愛蘭 사람들로 하여금 征服된 者의 쓰라림을 느끼게 했다. 愛蘭 사람들과 英蘭 사람들의 不和의 세 번째 原因은 런던에 있는 英蘭議會에 依하여 愛蘭이 支配되는 일이었다. 愛蘭 사람들은 英蘭議會에 자기들의 代表를 가지기는 했다. 그러나 그것은 몇 사람 안 되는 小數였기 때문에 그들은 자기들 자신의 議會를 願했던 것이다.

一八四七年에 감자버러지가 들어 愛蘭 사람들의 食糧인 감자가 凶作이 되었다. 不在地主들은 愛蘭 사람들의 절반이 지부스와 굶주림으로 죽는 것을 알고도 家畜과 穀食을 자꾸만 英蘭으로 실어갔다. 이 때문에 數많은 愛蘭 사람들이 英蘭과 美國과 캐나다와 濠洲로 移住했다. 이렇게 해서 一九世紀末에 全人口의 절반을 잃어버리게 되는 移住가 시작되었다. 美國에 건너간 愛蘭 移住民들은 훼니안運動을 시작했다. 그런데 이 훼니안運動은 愛蘭獨立運動을 目的으로 하는 것이었다. 이 「훼니안」 會員들은 愛蘭 移住民이 있는 곳에는 어디나 있었다. 그들은 武裝獨立運動에 依하여 愛蘭獨立鬪

爭을 한 일도 있었다. 第一次 歐洲大戰中에 愛蘭獨立鬪爭의 指導權이 Sin Fein이라고 부르는 團體에 돌아갔다. 이 Sin Fein은 어디까지나 愛國的이었다. 그들의 影響 밑에서 愛蘭 作家들은 愛蘭 사람들에게 征服되기 前 쓰던 말로 글을 쓰기조차 했다. 그런데 이 말은 지금 愛蘭 사람들의 十分之一이 겨우 알까 말까 했다.

三

一九一八年에 와서 英蘭 사람들은 愛蘭 사람들에게 自治를 許諾했다. 그런데 이 自治에는 이를테면 愛蘭의 外交權이 英國議會에 屬해 있어야 한다는 것 같은 몇 가지 條件이 붙었다. 그런데 이 같은 自治는 Sin Fein團은 滿足하지 않았다. 그들은 完全獨立을 要求했다. 이 完全獨立 아래서 그들은 愛蘭 자신의 產業을 일으키고 愛蘭 자신의 文化를 일으키고 愛蘭 자신의 말을 使用하고 愛蘭 자신의 外交權을 될 수 있는 限 英國과 떨어지기를 要求했다. 一九一九年으로부터 一九二二年에 이르는 피(血)의 反抗 뒤에 愛蘭 사람들은 英國皇帝에게 忠誠을 하는데 同意하기로 했다. 英國은 獨立 愛蘭共和國을 設立하는 것을 妨害하지 않기로 했다. 그런데 이 愛蘭共和國은 울스터 地方을 除外한 全 愛蘭을 包含하는 것이었다. 愛蘭共和國은 自由國이라고 불렀다. 여러 해 동안 Sin Fein(We Ourselves)團의 指導者였던 데발레라(Devalera)가 一九三二年에 愛蘭自由國의 大統領이 되어 그 뒤 여러 번 再選되었다. 얼굴이 좀 빠져 보이는 그러면서도 謹嚴한 모습을 가진 데발레라는 여러 번 그 生命의 危險을 무릅쓰면서 愛蘭自由國을 세웠고 오랫동안 이것을 다스렸다. 그는 뉴욕에서 낳는데 아버지는 라틴 아메리카 系統이었고 어머니는 愛蘭 아메리카 사람이었다. 그러나 愛蘭 사람들은 그에게

傾倒했고 사랑해서 부르는 別名으로 그를 데부(Dev)라고 불렀다.

이 自由國 아래서 愛蘭民族主義者들의 많은 目的이 達成되었다. 英國 사람 地主들에게 바치는 徵納이 廢止되었다. 愛蘭産業이 發展되었고 솨논(Shanon)江에 巨大한 發電所가 設置되었다. 가톨릭이 優勢하지마는 프로테스탄트도 행해진다. 愛蘭말과 愛蘭文化의 復興을 위한 努力이 계속되고 있다.

비록 英國 사람들이 아직도 愛蘭을 大英帝國의 한 聯邦으로 생각하고 있지마는 愛蘭은 事實上 하나의 獨立國家다. 愛蘭自由國은 第二次世界大戰 中 獨逸에 대하여 宣戰布告하기를 拒絶하기조차 했다. 英國이 자기 자신의 生命을 위하여 싸우고 있다고 해도 愛蘭이 이것을 도우려고 오지는 않았을 것이다.

島 山

一

島山은 一八七八年 十一월 十一일 大同江 下流에 있는 한 조그만 섬에서 농사하는 집의 둘째 아들로 태어났다. 어려서 고향에 있는 私塾에서 공부했는데 그 천성의 명민함이 드러나 사람들을 놀라게 했다. 淸日戰爭이 일어난 것이 도산이 十七세 때였다. 소년 도산은 평양에서 일본군과 청군이 접전하는 양을 보았고 또 전쟁 자체도 보았다. 다음해에 청일전쟁과 청국이 일본에 패하여 馬關條約에서 한국의 독립이 두 나라로부터 승인되었다. 그리하여 우리나라는 국호를 「大韓」이라고 고치고 임금을 皇帝라고 하고 東西列强과 외교를 교환하고 하여 겉으로는 독립국의 체면을 꾸몄다.

그러나 자기 힘으로 얻은 독립이 아니기 때문에 나라의 걸음걸이는 더욱 간난하고 민생은 더욱 도탄에 괴로워했다. 도산은 생각했다. ―「힘이 없고나」. 힘은 없고 이름만 있는 독립이었다. 소년 도산은 이 같은 힘없는 국토를 노리는 자가 있는 것을 알았다. 그것은 러시아와 일본이었다. 이때에 우리의 할 일은 급급히 서둘러서 러시아와 일본이 덤비기 전에 국력을 충실히 해서 독립의 기초를 굳건히 하는 일이었다. 그렇건만 정부의 생각은 이런 데로 나갈 줄 모르고 혹은 러시아에 아첨하고 혹은 일본에 친하여 그때그때의 편함을 찾거나 자가 자파의 세력을 심는 데만 급급했다.

이때 미국에 오랫동안 망명해 있던 徐載弼이 미국시민의 자격으로 한국정부의 고문이 되어 서울에 돌아왔다. 그는 나라의 독립과 부강이 국민의 각성과 단결에 있음을 역설하여 李商在 李承晩 등 동지를 모아 독립협회를 만들고 독립신문을 발간하고 독립문을 세우고하여 크게 독립정신을 고취했다.

이 독립협회가 나중에 萬民共同會가 되었다. 도산은 十九세 때 동지들과 함께 평양에서 궐기하여 快哉亭에 만민공동회 발기회를 열었다. 이것이 도산이 그 뒤 일생을 바친 독립운동의 시초라고 할 수 있다. 도산은 힘이 독립의 기초요 생명인 것을 알았다. 그런데 이 힘이란 우리들 중에 덕 있고 지식 있고 애국심 있는 사람이 많이 생기는 일이다. 우선 나 자신이 같은 힘이 있는 사람이 되리라. 이렇게 생각하고 공부하기 위하여 美洲로 향하는 길에 서울에 올라왔다. 서울에 올라와 미국 선교사의 私塾에서 얼마동안 공부하다가 독립협회가 정부의 탄압으로 해산되는 것을 보고 인천에서 미국배를 편승하고 미주로 향했다.

二

島山이 青雲의 뜻을 품고 北美에 상륙한 때는 二十二歲의 청년이었다. 그의 목적은 학업에 있었다. 그러나 移民한 한국 동포들의 現象은 도저히 그로 하여금 학창에 전념할 틈을 주지 않았다.

샌프란시스코에 上陸한 지 얼마 아니 된 어느 날 島山은 길가에서 한국사람 두 사람이 상투를 마주잡고 싸우는 광경을 미국인들이 재미있게 보고 있는 것을 보았다. 島山은 뛰어 들어가 그들의 싸움을 말렸다. 島山은 여러 날 고민 끝에 공부한다는 목적을 버리고 우선 美洲在留同胞가 문명한 국민다운 生活을 할 수 있는 程度까지 끌어올리기에 노력하리라고 결심했다. 島山은 몸소 한 집 한 집 淸掃運動을 시작했다. 처음에는 同胞들이 島山의 하는 일을 의심도 하고 거절도 했으나 차차 신임하여 島山을 환영했다. 그는 손수 비로 쓸고 훔치고 창을 닦고 또 헝겊과 철사를 사다가 창에다가

얌전하게 커튼을 만들어 치고 문전에 화분을 놓거나 꽃씨를 뿌리고 주방과 변소까지도 깨끗이 치웠다. 島山은 소제인부가 되어 이 모양으로 同胞의 宿所를 청결히 하고 미화했다. 몇 달이 지나지 않아 同胞의 生活이 딴판이 되었다. 그것은 다만 거처의 외양만이 바꾸인 것이 아니고 그 정신생활에까지 변화를 일으켰다.

이 모양으로 하는 동안에 島山은 同胞들의 신뢰를 받아서 어려운 일이 있으면 의논하러 오고 또 島山을 집에 청하여 식사도 대접했다. 島山은 이러한 신뢰의 날이 오기를 기다리고 묵묵히 청소인부와 심부름꾼의 노역을 계속했다. 島山이 이 모양으로 독특한 民族運動을 시작한 지 一年쯤 되어 미국인 한 사람이 일부러 島山을 찾아와서 島山의 사업을 극구 찬양했다. 그는 島山의 功績에 感謝하는 뜻을 표하기 위하여 島山이 한국인을 지도하기에 사용할 會館 하나를 무료로 제공할 것을 자청했다. 이리하여 얻은 집이 한국인의 최초의 회관이요 예수교회가 되었다.

이에 共立協會가 조직되고 순 국문으로 共立新報가 발간되고 샌프란시스코뿐만 아니라 캘리포니아洲 여러 都市에 흩어져 있는 한국인을 조직하고 나아가서는 하와이 멕시코에 있는 同胞까지도 합하여 韓人國民會를 만들게까지 되었다. 島山이 北美洲 同胞를 조직해 놓았을 때 露日戰爭이 끝나고 조국의 운명이 글자 그대로 달걀을 포개놓은 지경에 있었다. 島山은 北美同胞들의 재촉으로 일본을 경유하여 고국에 돌아왔다. 이때는 벌써 이른바 乙巳條約이 이미 韓國의 자주독립권을 박탈하여 日本의 韓國倂呑이 오늘인가 내일인가 하던 때였다.

島山은 환국하는 길에 東京에서 유학 중의 저명한 인사들과 만났다. 東京에서 유학생단체가 주최한 학생회에서 강연을 했는데 청중에게 큰 감격을 주었다.

三

도산이 서울에 돌아온 때는 처음으로 고국을 떠난 지 八년 후인 三○세 때였다. 서울에 돌아오는 길로 도산은 전 사회의 주목을 끌었다. 그는 곧 柳瑾, 朴殷植, 張志淵, 兪吉濬, 李甲, 李東輝, 盧伯麟, 李東寧, 李始榮, 李昇薰, 柳東悅, 金九 같은 이들과 동지의 의를 맺게 되었다. 특히 도산의 연설은 유명했다. 그가 동포에게 호소하는 主旨는 이러했다. －지금 세계가 민족 경쟁시대라 독립한 국가가 없고는 민족이 서지 못하고 개인이 있지 못한다는 것과 국민 각자가 각성하여 큰 힘을 내지 않고는 조국의 독립을 유지할 수 없다는 것과 큰 힘을 내는 길은 국민 각 개인이 각자 분발 수양하여 도덕적으로 거짓 없고 참된 인격이 되고 지식적으로 기술적으로 유능한 인재가 되고 그러한 개인들이 국가 천년의 대계를 위하여 견고한 단결을 지어야 한다는 것이었다. 이 모양으로 도산의 귀국은 국내에 청신한 기운을 일으켰다. 도산의 사상과 신념은 당시의 사상계에 방향을 주고 길을 주었으니 곧 각 개인의 自我修養과 애국동지의 굳은 단결로 교육과 산업진흥에 전력을 다하는 것이었다. 도산은 新民會와 青年學友會의 조직에 착수했다. 그는 우선 기본 동지를 구하기 시작하여 李東寧, 李東輝, 崔光玉, 李昇薰, 安泰國, 金東元, 金九, 李甲, 柳東悅, 梁起鐸 등 동지를 얻었다. 이러한 동지를 기초로 신민회를 조직했는데 그 목적은 一, 국민에게 민족의식과 독립사상을 고취할 것, 二, 동지를 발견하고 단합하여 국민운동의 역량을 축적 할 것, 三, 교육기관을 각지에 설치하여 청소년의 교육을 진흥할 것, 四, 각종 상공업기관을 만들어 단체의 재정과 국민의 부력을 증진할 것 등이었다.

신민회는 그 자체는 비밀결사였으나 사업은 공개했다. 그 사업으로 가장 드러난 것은 平壤 大成學校, 平壤 馬山洞磁器會社, 平

壤·서울·大邱의 太極書館과 旅館 등이었다. 도산은 평양 대성학교의 무명한 직원으로서 교장을 대리하는 것 같은 지위를 가지고 있었다. 대성학교의 생도는 창립 일주년이 되기도 전에 평양 시민의 경애를 받게 되고 휴가에 각각 鄕里에 돌아가면 그 생도들은 대선생의 薰陶를 받은 선비의 품격이 있다고 하여 父老와 同輩에게 놀램과 존경을 받았다.

四

靑年學友會는 신민회나 대성학교 이상으로 도산이 심력을 傾注한 사업이었다. 청년학우회는 합방 전해인 一九〇九년에 발기되었다. 그 主義精神은 實務·力行·忠義·勇敢의 사대 정신으로 인격을 수양하고 단체생활의 훈련을 힘쓰며 一種 以上의 전문학술이나 技藝를 반드시 학습하고 평소에 德·體·知 三育에 관한 행사를 하여 건전한 인격자가 되기를 기하자는 것이었다.

도산은 이러한 큰 포부로 민족의 영원한 번창과 영광을 염원하면서 반드시 이루어진다는 굳은 신념을 가지고 청년학우회운동을 시작한 것이었다. 서울, 開城, 平壤, 五山, 義州 등 中學校가 있는 지역에 청년학우회가 생겼다. 중앙에는 연합회를 둘 계획이었다. 그러나 합병의 비운이 다가들어 모든 結社와 신문이 해산을 당하여 청년학우회도 발기위원회인 채로 해산되고 말았다. 이것은 수년 후에 北美에서 다시 도산의 손으로 興士團이 되어 계승되었고 국내에서는 修養同友會라는 명칭으로 수십 년 계속하다가 同友會事件으로 검거되어 四〇여 명이 四년간 未決에 신음하는 통에 해산명령을 받았다.

一九〇七년 寺內正毅가 한국 통감으로 나오면서 민간지도자를 헌병대에 구금하기 시작했다. 도산은 서울 헌병대에, 이갑, 이동휘,

유동렬 등은 용산 헌병대에 구금되었다가 얼마 뒤에 석방되었다.

苑洞 李甲의 집에 도산 기타 여러 동지들이 모였다. 기울어지는 나라를 붙들기 위하여 자기들의 태도를 결정하기 위함이었다. 도산은 나중으로 단안을 내렸다. 남은 길이 오직 하나가 있다. 그것은 눈물을 머금고 힘을 길러 장래를 준비하는 일이다. 국내에 있을 수 있는 자는 국내에서, 국내에 있을 수 없는 자는 해외에서 수양 · 단결 · 교육 · 산업으로 실력을 배양하는 것이 오직 조국을 회복하는 오직 하나의 길이라고 하면서 도산은 눈물을 흘렸다. 滿座가 느껴 울었다.

이렇게 하여 衆議가 결정되었다. 도산은 去國歌라는 슬픈 노래를 남기고 麻浦에서 작은 배를 타고 長淵에 이르러 거기서 淸人의 소금배를 다고 靑島로 향했고 다음 동지들도 저마다 變裝 密航으로 국경을 탈출하여 청도에서 만나기로 했다. 이것이 一九一○년 합병되기 몇 주일 전 일이다.

청도에서 망국의 슬픈 소식을 듣고 도산은 통곡했으나 실망하지는 아니하였다. 그는 「광복이 내가 하기에 있다. 내가 하면 된다」고 믿었기 때문이었다. 국내의 최후 회합에서 약속했던 대로 몇 동지가 청도에서 모여 이른바 靑島會議를 열었다. 유동열, 이갑, 신채호, 이종호, 조성환, 이강 등이었다. 그러나 이 회의의 경과는 도산이 바라던 바와 같지 않았다. 의론이 합치되지 않은 점은 急進과 漸進에 관하여서니 이것은 그 뒤 줄곧 양립된 대로 己未 三一運動에 이르렀다. 도산은 러시아 首都에서 이갑과 작별하고 伯林에 잠간 머물러 영국 수도를 거쳐 미국으로 갔다.

五

도산은 미국 로스앤젤레스의 집에 오년 만에 돌아갔다. 거기에는 부인과 二男一女가 있었고 여러 친우와 동지가 있어서 반갑게 맞았다. 도산이 본국에 돌아간 뒤에 도산의 부인은 삯빨래로 생활비를 벌어서 자녀를 길렀다. 도산은 곧 土木工事의 인부가 되었다. 그의 체력이 이러한 심한 노동을 오래 계속할 수가 없어서 주택의 청소인부가 되었다. 미국 재류동포들은 도산을 가만둘 수가 없었다. 도산은 청소인부 노릇을 하면서 國民會 총회장의 任을 맡게 되었다. 국민회총회장에 선거된 도산의 목표는 회원의 품격을 높여 僑居하는 나라 백성들에게 존경을 받고 근검저축을 장려하여 회원 각원이 독립하고 풍족한 생계를 가지게 하며 단체적으로 거류국 관민의 신뢰를 얻어 동포의 권익을 보호할 뿐더러 그렇게 하므로 일본으로 하여금 한국인을 간섭하는 구실을 가지지 못하게 하는 것이었다.

一九一九년 구주대전이 종결에 이르렀다. 도산은 國民會의 특파로 遠東을 향하여 미국을 떠났다. 이때는 아직 三월一일 독립선언이 있기 전이었으나 국민회로서는 구주대전 종전 전후의 민족운동에 대처하기 위하여 도산을 원동으로 파송한 것이었다. 도산은 船中에서 삼월一일 국내의 독립선언보도를 접하였다. 그리고 홍콩을 거쳐 上海로 왔다. 도산이 상해에 도착한 것이 四월十일 大韓民國臨時政府가 조직 발표된 직후였다.

그 정부는 이승만 박사를 수반으로 하고 이동휘, 김규식, 이동녕, 안창호, 이시영, 신규식 등을 각부 총장으로 한 것이었다.

도산이 이번에 원동으로 온 목적은 독립운동을 하러 온 것이 아니라, 요다음 기회에는 정말 독립운동을 할 수 있는 힘을 기르는 운동을 하러 온 것이었다.

六

一九二一년 도산은 미국 議員團과 회견하라는 임시정부 대표의 사명을 띠고 北京에 왔다. 도산은 다시 吉林에 갔다. 도산은 길림에서 북경 남경을 거쳐 상해로 돌아왔다. 북미의 국민회와 흥사단이 도산이 오랫동안 떠나있는 것과 삼일 독립운동에 낙망한 것으로 士氣가 저상하여 여러 가지 문제가 생겨서 도산을 기다리고 또 도산의 편으로 보더라도 大獨立黨의 견지에서나 海外理想村 건설의 계획으로 보거나 북미의 여러 동지와 직접 만나 볼 필요도 있어서 도산은 마닐라를 거쳐서 미국으로 갔다. 미국으로 가서 약 일년간 국민회와 흥사단을 위하여 쉴 새 없이 도산은 노력했다. 첫째로 도산이 재류동포에게 역설한 것은 독립운동은 장원한 것이니 이번의 실패로 낙심하지 말라는 것과 더욱더욱 분투노력하여 각각 부력을 증진하고 인격을 수양하며 미국인에게 호감을 주도록 하는 것이 당면의 독립운동이라는 것과 국민회의 빛난 역사를 지켜서 결코 분열하지 말라는 것이었다. 이리하여 국민회와 흥사단이 다 안돈되는 양을 보고 도산은 다시 미국을 떠나 상해로 왔다. 도산이 그때 부인과 자녀와 한 작별은 마침내 永訣이 되고 말았다. 그러나 이번 미국에 왔던 기회에 막내 三男을 얻었으나 평생에 父子 대면이 없고 말았다.

도산은 大獨立黨과 이상촌과 흥사단 원동지부의 발전의 계획과 수만금의 동지의 出資를 안고 상해로 돌아왔다. 그러나 도산의 뜻을 펼 기회는 막혀버렸다. 이른바 만주사변이 일어나서 비단 만주뿐이랴 關內까지도 일본의 세력이 뻗고 곧 이어서 일본은 상해까지도 출병하게 되니 도산의 계획은 베풀 곳이 없었다.

一九三一년 四월 二九일 義士 尹奉吉이 상해 虹口 公園에서 일본군 최고지휘관 白川義則 대장 등을 폭살하는 사건이 생길 때

일본 관헌은 租界관헌에 교섭하여 한국인 대수색을 하였는데 도산은 불행히 체포되어 서울로 압송되었다.

도산이 刑期 四개월 남기고 假出獄이 된 것은 一九三五년 봄이었다. 大田 복역 중에 도산은 소화불량증이 심하였다. 그는 그물을 뜨고 대그릇을 결었다. 날마다 자기의 감방을 청소하기로 유명하였다.

一八七八年에 난 도산이 상해에서 잡힌 것이 五四세, 대전 감옥에서 나온 것이 五八세, 서대문 감옥에 들어갔다가 병으로 경성 대학병원에 나온 것이 六○세, 다음해 四월에 그 병원에서 별세한 것이 一九三八년 환갑인 六一세, 享年이 만 五九세 五개월이다. 최후로 본국의 산천을 비교적 자유로 바라보기 만 二개년이었다.

(島山傳記)

國際聯合

1

一九四二年의 年末은 처칠(Churchill)이 말한 대로 國際聯合을 創設하는 年末이었다. 一九四二年 年末 좀 前에 歐羅巴와 太平洋에 있어서 聯合軍이 攻勢를 取했다. 聯合國의 尨大한 攻擊的인 戰略은 聯合國側의 領首들의 定期的 會合에 있어서 案出되었던 것이다. 世界的인 機械戰에 있어서는 領首들이 安全한 場所에서 모이기 위하여 그들은 자기들의 나라로부터 멀리 떠나 있는 곳에 輸送機 또는 戰艦에 依하여 運搬될 必要가 있었다. 最初의 會合에 있어서는 처칠과 루스벨트만이 만났다. 戰爭期間 中의 이 會合에는 四大國의 代表者가 모인 적은 없었다. 그것은 終戰 바로 직전까지는 소련은 日本과 정식으로 戰爭을 宣言하지 않았기 때문이었다. 그렇지마는 交通의 現代的인 方式인 秘密라디오 信號가 四大國을 언제나 緊密하게 연결했다. 뉴스網은 이 네 領首의 一動一靜을 全 世界에 전했다. 그들의 會合이 끝날 때마다 네 領首는 共同聲明書를 發表했는데 이 聲明書는 大西洋憲章과 마찬가지로 곧 全 世界의 구석구석에까지 電波를 타고 날아갔다. 이 聲明書들은 聯合國의 효과 있는 宣傳이 되었다. 戰爭의 遂行을 協議하는 한편 領首들은 차츰 차츰 닥쳐올 平和에 대하여 생각하기로 했다. 平和에 대한 중요한 事項의 處理에 관해서는 대체로 意見의 一致를 보았다.

2

四大國에 依해서 案出된 秘密戰略은 伊太利가 同盟國側의 가장 弱한 고리라는 判定을 내렸다. 北部 아프리카의 跳躍台로부터 이태리가 첫 번으로 攻擊되어야 할 것이었다. 急激하게 增强되는 聯合國側의 힘을 가지고도 四大國은 日本과 獨逸을 同時에 쓰러트리기는 어렵다고 믿었다. 同盟國陣營의 中心인 獨逸을 日本보다 먼저 쓰러뜨려야 할 것이었다. 英國과 이태리의 基地로부터의 爆擊으로 한바탕 부시고 나서 東西 兩戰線으로부터의 進擊에 依하여 獨逸이 徹底하게 粉碎되기로 되어 있었다. 獨逸이 完全히 쓰러질 때까지는 日本을 中國에만 붙잡아두기로 했다. 그런데 中國은 印度로부터 飛行機로 산을 넘어 武器와 食糧을 供給 받기로 되어 있었다. 日本艦隊는 美國海軍에 依해서 破壞되기로 되어 있었고 日本은 聯合國의 總力에 依하여 한 섬 두 섬 쫓겨 올라가기로 되어 있었다. 同盟國側의 세 나라에 대하여 四大國은 오직 한 種類의 平和를 提示했다. 無條件降伏이 곧 그것이었다. 이 雄大한 作戰의 結果 豫定대로 먼저 이태리가 넘어가고 뒤에 獨逸이 쓰러졌다. 런던과 重慶과 워싱턴에서는 歡呼하는 群衆들이 이 歐羅巴에 있어서의 勝利의 날을 祝賀하기 위하여 거리에 모여 들었다. 그러나 이 祝賀式들은 한 줄기 不安과 어둠 속에 쌓여 들었다. 同盟國側의 둘째 번 强者인 日本이 아직도 항복하지 않았고 世界의 大部分이 戰爭 속에 있었기 때문이었다.

3

聯合國의 領首들은 永久한 平和를 가져오게 하기 위하여 다시 戰爭이 일어나지 못하게 하는, 恒久的인 全 世界的인 機構를 만들기에 熱中했다. 그들은 共通된 敵의 面前에서 結合되었던 戰友들이 共通된 敵이 넘어가자마자 다시 分裂되는 일이 있는 것을 그들은 알았던 것이다. 그들은 戰爭期間 中 平和를 바라던 一般輿論이 平和가 오기가 바쁘게 다른 問題로 集中되는 것을 알았다. 尨大한 攻擊을 計劃하고 있던 해인 一九四三年에 벌써 四大國의 領首들은 자기들의 人民에게 戰爭에 있어서와 마찬가지로 平和된 뒤에도 함께 協力하기를 바랐던 것이다. 그들은 戰爭 中의 聯合國의 聯繫가 平和를 위한 恒久한 組織體에 바꾸이도록 하는 일에 着手했다. 聯合國 사이에 있어서 意見의 差異를 없애고 또 國際聯盟憲章 속에 있는 缺陷을 是正하기 위한 努力이 各 首都에서 행해졌다. 獨逸이 쓰러지고 있는 동안에 聯合國의 領首들은 國際聯合憲章을 基礎하기 위하여 따로 샌프란시스코會議를 가지기로 했다. 이 會議는 一九四五年 四月 二五日에 열기로 되어 있었다.

決定된 開會日에 두 週日도 앞서지 못하여 루스벨트 美國 大統領이 갑자기 죽었다. 國際聯合의 創設을 위하여 가장 많이 힘써 온 루스벨트 大統領의 逝去는 聯合國의 指導者들을 깊이 슬프게 했다. 더욱이 美國 大統領이 거의 혼자 힘으로 國際聯盟을 세운 뒤에 美國이 도리어 여기에 加入하지 않은 일을 그들이 記憶하고 있기 때문이었다. 그러나 루스벨트의 後繼者인 트루먼 大統領은 자기가 國際聯合의 創設에 대하여 熱誠을 가지고 있음을 보였다. 그는 샌프란시스코會議가 豫定보다 빨리 열어야 할 것을 主張했다. 그는 그 開會辭에서 이렇게 말했다. 「우리들이 戰爭에 있어서 한가지로 죽지 않기를 願한다고 하면 우리들은 平和에 있어서 함께 살지 않으면 안 된다.」

4

二○○名 以上의 代表들이 샌프란시스코의 希臘樣式의 記念오페라館에서 일하고 있을 때 큰 나라들과 작은 나라들 사이에 重大한 論爭이 벌어졌다. 그리고 四大國 사이에 있어서도－特히 英美를 한편으로 하고 蘇聯을 한편으로 하고 벌어졌다. 그러나 여덟週日 뒤에는 代表者들은 마침내 合意에 到達했다. 그런데 이것을 그들의 各 政府는 곧 認准했던 것이다. 國際聯盟에 대한 美國의 態度와 같지 않은 것임을 보이기 위하여 美國 大統領은 國際聯合의 憲章을 美國이 첫 번으로 批准하기를 美國上院에 要請했던 것이다. 上院은 거의 滿場一致로 可決했다.

國際聯合의 機構는 대체로 國際聯盟을 따라갔다. 會員들이 自由로 紛糾問題를 提訴할 수 있는 國際裁判所가 있고 信託統治에 관한 事項과 國際的인 社會改造에 관한 事項을 管理하는 여러 委員會들이 있다. 國際聯合의 重要한 세 機關은 國際聯盟의 境遇와 마찬가지로 庶務를 當擔하는 總務處, 그리고 全般的인 問題를 審議하는 總會, 그리고 常任機關인 安全保障理事會다. 安全保障理事會는 國際聯盟의 理事會와 같은 性質의 것으로 거기에 있어서는 强大國의 代表는 갈리지 않고 弱小國의 代表는 時期에 따라 갈리기로 되어있다. 安全保障理事會는 國際聯盟 理事會와 마찬가지로 平和를 維持하기 위하여 經濟的 및 軍事的 制裁를 加할 수 있다. 國際聯合은 國際聯盟과 마찬가지로 世界政府는 아니다.

5

會員國들은 자기들이 希望하는 限 이 國際聯合에서 脫退할 수 있는 것이다. 國際聯合은 그 會員國이 자기 産業 및 經濟力을 戰爭을 일으키는 데 使用하는 일이 있더라도 그것을 抑壓할 힘을 가지는 것은 아니다. 國際聯合을 構成한 여러 나라 政府들은 자기들의 行動의 自由가 어디까지든지 保留되는 것이었다. 그러나 國際聯盟의 理事會와 國際聯合의 安全保障理事會와의 사이에는 重大한 거리가 있다. 國際聯合 安全保障理事會는 國際聯盟理事會의 境遇에 있어서보다 侵略者를 阻止하는 훨씬 有效한 手段을 가지고 있다. 그 위에 國際聯合憲章을 修正하는 會議를 招集하기가 훨씬 容易하기 때문에 侵略을 阻止하기 위한 유엔의 方策을 改選하는 일이 훨씬 더 容易하게 되어 있다. 全 世界에 있는 數많은 弱小民族에 있어서 原子力이 戰爭에 쓰여지지 않고 平和를 위하여 쓰여진다고 하는 重要한 希望이 國際聯合이었다. 國際聯合總會는 日本이 降伏한 四個月 後에 런던에서 첫 번으로 열리었고 그 뒤는 뉴욕에서 열렸다.

國際聯合의 會員權과 指導權은 事實上 全 世界的이었다. 그러나 國際聯合의 成功은 主로 安全保障理事會의 다섯 常任理事國에 달려 있었다.

國際聯合이 그 組織을 完成한 뒤 現實問題에 逢着하자 하나의 弱點이 나타났다. 强大國들은 拒否權을 行使할 權利를 가지고 있었다. 그런데 一九四六年 한 해만 하더라도 그들은 拒否權을 열세 번 使用했던 것이다. 많은 사람들은 拒否權이 繼續해서 이렇게 廣範圍하게 使用된다고 하면 國際聯合의 將來가 어떻게 될 것인가 근심되었다.

省察과 箴言

페스탈로치

分 離

一, 사람은 사는 동안 民衆의 한 사람이고 또 거기에 屬해 있다. 그가 자기를 民衆으로부터 分離시킬 때 그는 옳은 것도 못 되고 또 자기 자신에게 공연한 무거운 짐을 지우는 일이 된다. 우리들을 이 세상으로부터 分離시키는 일은 神이 하시는 일이요 사람이 할 일이 아닐 것이다. 그런데 神은 이 일을 우리들을 무덤에 두실 때 행하신다.

二, 健全한 그리고 誠實하게 일하려는 精神이 우리들 사이에서 사라졌다. 제각기 자기를 위하고 또 위하려고 한다. 자기를 넘어서는 것을 위해서 걱정하는 이는 매우 적다.

낡은 것과 새것

三, 이미 썩어버린 낡은 것을 그대로 保管하려는 者나 아직 익지 않은 새것을 서둘러 따려는 者나 이 둘은 한가지로 어리석은 者다.

四, 사람은 낡은 것에 있어서 자기가 지니고 있는 것이 무엇임을 안다. 그러나 새것에 있어서 그는 지금까지 지녀온 것을 처음으로 자세히 알게 된다.

바꾸임이 自然의 法則이다

五, 여기 차고 기우는 달빛 아래 世界에는 언제나 그대로 있는 것이라고는 없다.

받아가진 것

六, 사람의 모든 祝福된 素質들은 技術이나 偶然이 가져다주는 것은 아니다. 모든 사람의 內面的인 本性 속에 그것들은 根源的인 것과 함께 누워 있다. 그것들을 아름답게 올라오게 하는 일이 人間에게 맡겨진 聖스러운 責務다.

七, 自然은 人間의 모든 힘을 實際의 使用에 依해서 이것을 열어젖힌다. 그리고 그 成長은 순연히 그것을 쓰는데 달렸다.

八, 自然은 사람의 高貴한 素質들을 그것을 싼 껍질로부터 마치 眞珠껍질을 벗기듯이 이것을 벗긴다. 저절로 열리기 전에 껍질을 베끼면 덜 익은 眞珠를 발가놓은 結果가 되어 그 때문에 어린이들을 위해서 소중하게 保管해야 할 生命의 寶玉을 깨어버리는 일이 된다.

九, …… 神이 그 사람에게 주신 것을 누구나 그로부터 빼앗을 수 없을 것이다. 그리고 當者 자신도 그것이 이를테면 神으로부터 그저 주어진 것이라고 생각해서는 안 된다. 神이 우리에게 준 하나하나의 선물은 한없이 높은 보물로 우리들 속에 깊이 누워 있다. 사람들은 이것을 마치 山 밑바닥에 있는 금을 캐어내는 양 그의 內面의 밑바닥에서 캐어 내어 햇빛 아래 끌어올려야 할 것으로 알고 또 그 일을 도와야 할 것이다. 어떤 사람이나 神이 그에게 둔 힘이나 素質에 어울리지 않을 정도로 가난하고 부실한 者는 없다. 그리고 어느 누구의 環境이고 어느 누구의 處地고 神의 주신 선물이 거기에 들어맞지 못하고 거기에서 열매를 맺지 못할 정도로 거칠고 頑惡하게 마련된 것이라고는 없을 것이다.

一〇, 나는 神에 대해서나 사람에 대해서나 祖國에 대해서나 사람 속에 깃들인 특히 가난한 사람들 속에 깃들인 人間의 高貴한 힘들을 일부러 그 어린싹 시절에 이것을 분지르는 罪惡처럼 심한 罪惡은 없다고 생각한다.

人間의 精神力·心情力·身體力－이것은 진실로 한없이 高貴한 힘들이다. 이 힘들을 알면서부터 특히 가난한 사람들의 境遇에 있어서 이것을 누르고 짓밟는 것은 내 생각에는 聖靈에 反逆하는 가장 으뜸가는 罪惡일 것이다. 이 罪惡은 現世에 있어서나 來世에 있어서나 赦免받을 길이 없을 것이다.

一一, 나는 道德的인 것에 나갈 수 있고 또 나가야 하는 가슴의 힘, 知性的인 것에 나갈 수 있고 또 나가야 하는 머리의 힘, 그리고 技術的인 것에 나갈 수 있고 또 나가야 하는 손의 힘이 사람에게 어린싹으로 주어진 것을 안다.

一二, 神이 우리들의 本性의 道德的인, 知性的인, 그리고 身體的인 素質로서 그렇게도 內面的인 것으로 꽁꽁 붙들어 맨 것을 사람이 이것을 떼어 놓을 것이 못 된다. 사람은 이것들을 하나로 連結하는데 依해서 뿐 神의 肖像에 가까운 者가 될 수 있을 것이다.

一三, 어린이에게는 一生을 通해서 發展되어 올라오는 여러 素質들의 어린싹이 이미 그가 세상에 나오기 전부터 눈에 띄지 않은 대로 누워 있는 것이다.

一四, 사람에게 주어진 여러 힘들은 하나가 다른 것을 누르고 올라와서는 안 될 것이다. 하나하나가 알맞추 올라와야 한다. 이 같은 調和된 狀態가 사람의 精神的인 本性일 것이다.

驕 慢

一五, 人間은 이 地上에서 지극히 적은 者다. 그러나 人間을 이런 것으로 위에서 내려다보고 또 그렇게 가르치는 者는 어지간히 교만한 者다.

一六, 偉大한 사람은 자기를 偉大하다고 하는 일이 없다. 그러나 적은 人物들은 偉大한 사람이 자기들 옆에 나타나는 것을 좋아하지 않는다. 한편 그들은 자기들이 넉넉히 偉大할 수 있었던 것이라고 생각한다.

勞 動

一七, 모든 거친 그리고 서툰 勞動은 心臟을 거칠게 만든다. 秩序와 헤어질 때 勞動은 도리어 어지럽게 널어만 놓게 되고 사랑이 거기에 빠질 때 勞動은 보람 있는 것이 못 된다. 사랑이 거기에 없을 때 勞動은 도리어 올바르지 못한 비뚤어진 것이 되기 쉽고 모든 惡의 根源인 貪慾, 功名心, 그리고 勞動에 依해서 硬化된 私心에 떨어지기 쉬운 것이다.

一八, 勞動은 人間의 內面的인 生이 자기를 밖에 드러내는 것이라고 할 수 있다. 勞動은 우리들의 內面的인 生을 단순히 드러내는 것뿐이 아니고 이것을 保進시키기도 한다. 勞動은 사람을 堅强하게 만들거니와 生硬하게 만드는 것이 아니고 勞動은 사람을 조심성 있게 만들거니와 자기의 유익에 붙잡히게 만드는 것이 아니고 勞動은 사람을 모든 일에 關心을 갖게 만들거니와 편벽되고 좁고 不安 속에 떨어지게 만들지 않는다. …… 內面的인, 人道的인 目的을 缺한 단순한 外部的인 勞動은 人間의 勞動은 아닐 것이다. 이 같은 단순한 外部的인 勞動은 쥐새끼를 잡아먹으려고 기다리고 앉아 있는 고양이의 勞苦나 토끼를 붙잡으려는 사냥개의 追跡에 지나지 않는다. 그러나 우리들은 아무 일도 하지 않는 것을 좋다고 해서는 안 된다. 그리고 또 神은 우리들을 저 그릇된 勞動으로부터 막아 주셨다. 그런데 사람은 한가하게 있으면 썩는 법이고 그리고 한 번 썩으면 그는 다시 回復될 길이 없는 것이다.

一九, 사람은 두 가지 勞動을 가진다. 안엣 勞動과 밖엣 勞動과, 그런데 밖엣것이 안엣것에 따라올 때는 그것이 안엣 生活이나 밖엣 生活을 위해서 한결같이 좋은 結果를 가져온다. 그러나 안엣것이 밖엣것의 시중을 들 때는 안엣 조심성이 밖엣 勞動

이 가져오는 感性的인 誘惑에 屈伏되고 마침내 우리들의 좋지 못한 性情이 빚어내는 모든 感覺的인 腐敗를 불러일으키기에 이르는 것이다.

二〇, 모세-第一書 三章에는 神의 말씀으로서 다음의 말이 보였다. 「네 이마에 땀을 흘려서 빵을 먹으라.」 그런데 내 할아버지는 여기에 언제나 다음의 말을 붙였다. 「네가 어리석은 者나 浮浪者가 되기를 원치 않거든.」

가난한 者

二一, 가난한 사람들은 자기들의 生計를 얻을 수 있는 敎育이 그들에게 베풀어지지 않기 때문에 한층 더 가난하게 된다. 우리들은 여기서 그들의 가난의 原因을 막지 않으면 안 된다.

二二, 사람의 첫째 義務는 자기 이웃의 困窮을 돕는 일이다. 이렇게 하여 각 사람이 살림의 窮乏과 걱정이 없이 살아가게 되어야 한다. 그런데 이 같은 사람의 첫째 義務는 특히 여러 사람들의 위에 있는 책임을 가진 者의 첫째 義務인 것이다.

二三, 도울 수 있는 대로 남의 窮乏함을 돕고 가난한 사람들을 도우라. 이 일에 依해서 뿐 우리들은 예수그리스도에 가까워질 수 있고 또 거기에 나갈 수 있을 것이다.

孤兒의 집의 아버지

二四, 어린이들에 대한 사랑이 없이는 孤兒의 집의 아버지가 될 수 없을 것이다. 그가 아무리 세상일에 밝은 사람이라고 해도. 그리고 孤兒의 집의 運營이나 經理를 위하여 놀라운 재주를 가졌다고 해도 사랑이 없으면 그는 이 집 속에 있는 울리는 종이나 소리 나는 꽹과리에 지나지 않는다. 예사로운 家庭이라고 해도 이 같은 울리는 기명이 있어 그 집의 目的을 妨害한다고 하면 이것은 家庭이 못 될 것이다. 孤兒들에 대한 사랑이 다시없는 高貴한 힘이 될 것이다. 그 때문에 거기에 祝福이 오고 그 때문에 거기에 勤行이 오고…… 어린이들에 대한 사랑이 孤兒의 집의 구석구석에 아롱진 빛과 맑은 線을 아로새기게 될 것이다.

가난한 者와 가며로운 者

二五, 사람들은 잘못 생각해서는 안 된다. 가난한 집 애의 敎育이나 富裕한 집 애의 敎育이나 그 본바탕에 있어서는 같은 方法이 要求된다. 人間의 本性은 가난한 者의 境遇나 가며로운 者의 境遇나 같은 것이니까…… 富裕한 집 애의 敎育을 맡은 者가 돈과 돈의 影響만을 考慮한다고 하면 이것은 마치 가난한 집 애의 敎育을 맡은 者가 가난과 거기에서 오는 制約만을 考慮하는 境遇와 마찬가지로 人間敎育의 成果에 대하여 심히 이것을 阻害하고 混亂에 이끄는 일이 될 것이다.

가 난

二六, 聖스러운 가난, 너는 叡智에로 나아가게 하는 얼마나 많은 手段을 네 속에 가진 것이랴. 너 자신 그것을 알기만하면…….

貧과 富

二七, 나는 가난이란 것이 무엇임을 생각해 보았다. 그리고 가난이라는 單語처럼 여러 모양의 觀點에서 考案된 것은 이 세상에는 아마 없을 것임을 알았다.

온 세상이 가난을 면하기 위해서 야단들이다. 그런데 그러면서도 사람들은 여전히 가난 속에 있다. 그리고 富를 얻기 위해서 호되게 돌아가는 사람이 그치지 않건만 가난에서 벗어나지 못하고 있다. 그러나 자기의 얼마 안 되는 것을 고요하게 또 즐겁게 즐기는 者는 어디서나 그리고 어떤 環境에서나 가며로운 者로 남아 있는 것이다.

身醫와 靈醫

二八, ……醫에 대한 信賴는 하나의 좋은 信賴다. 그는 확실히 병을 낫게 한다. …… 神에 대한 생생한 信仰이 모든 境遇에 있어서의 靈魂의 快癒를 가져오는 것과 한가지로 醫에 대한 두터운 信賴는 身體의 快癒를 가져온다.

暴動

二九, 아들의 날뛰는 狂暴 속에서 아버지는 實態의 眞實을 듣고 民衆의 요란스러운 暴動 소리에 君主는 걱정하여 여기에 귀를 기울인다.

三〇, 暴動은 바른 것이 못 된다. 狂暴된 感情의 奔騰이 모든 理

性의 深慮를 몰아낸다. 그러나 이것은 피하기 어려운 일이기도 하다. 民衆이 한데 모여 社會的 不正義를 함께 느낄 때 暴動에 나갈 수밖에 없고 그들은 이 境遇에 民衆 또는 大衆으로서의 性向 때문에 다른 길을 取하기 어려운 것이다.

費 用

三一, 딸의 치장을 위하여 아들의 月謝金을 아끼는 아버지는 결국 子女를 망쳐버린다.

눈

三二, 눈이 밝으면 전신이 밝아진다…… 이와 반대로 눈이 어두우면 전신이 어둡고 그 하는 일은 말끔 어둠이 시키는 일이 된다.

밖엣것과 안엣것

三三, 모든 밖엣것은 안엣것에서 쫓아온 것이다. 그리고 오직 안에 있는 높은 것이 우리들의 싸우는 것을 위하여 勝利를 確保한다.

教育方便으로서의 命令

三四, 어린이들은 賢明한 教師나 올바로 이끄는 아버지에게뿐 순종한다. 그러나 때로는 명령하지 않을 수가 없다 명령할 때는 한때의 氣分이나 虛榮이나 不必要한 知識에 대한 傾倒가 명령을 보기 숭하게 만들어서는 안 된다. 어린이들에게 命令하게 될 때는 될 수 있는 대로 그 時期와 境遇를 보아야 한다. 그 일 자체가 어린이에게 스스로의 잘못을 알게 하고 그 잘못 때문에 걱정받을 것을 느끼게 될 때가 바로 그때일 것이다.

助 言

三五, 羊을 모는 牧夫는 황소에게 助言할 수 없을 것이다.

三六, 먼저 한 사람의 어린이가 되고 인간이 되고 그리고 나서 職業의 習得者가 되어야 할 것이다. 올바른 어린이로 자라는 일이 職業習得期間의 祝福일 것이고 또 자기의 모든 素質을 아름답게 發展시켜서 福된 生活에 이르는 터 닦기가 될 것이다.

이 같은 自然의 秩序에서 옆으로 나가 단순한 職業陶冶, 職業을 위한 方便的인 教養에뿐 힘쓰는 者는 자연스러운 祝福狀態에서 비틀어져 暗礁 많은 危險스러운 바다에 굴러 떨어지는 者라고 할 수 있다.

謙 虛

三七, 謙虛는 叡智의 同伴者고 淸淨을 그 어머니로 한다.

祈禱와 勤慟

三八, 어린이가 즐겁게 일하기 위하여 祈禱 올리기를 그들에게 가르치라. 그리고 그들의 祈禱가 헛되지 않고 祝福을 무덤 속에까지 가지고 갈 수 있도록 그들에게 일하기를 가르치라.

어린이들을 이끄는 目標

三九, 머리로 하여금 思考에 나아가게 하고, 가슴으로 하여금 남을 위하는 행함에 나아가게 하고, 손으로 하여금 익숙한 솜씨에 나아가게 하고, 그리고 자기 스스로를 이기게 하고, 그리고 예수그리스도에 있어서 드러난 神의 聖意에 언제나 조심스럽게 歸命하는 者가 되게 하고 이것이 우리들이 잠시라도 잃어버려서는 안 되는 目標가 되어야 할 것이다.

惡한 者

四○, …… 악마가 眞理를 말했다고 해도 그는 여전히 惡魔다.

有能性

四一, 친구여, 세상에는 有能한 사람이 얼마든지 있는 것이다. 그러나 有能한 사람을 세우는 자는 하나도 없다. 오늘에 있어서 사람들은 어떤 이가 有能한 者냐에 대한 생각을 제각기 달리

하여 그 標準을 이를테면 자기 자신의 皮膚 안에 들어올 정도로 줄였고 기껏해야 자기 內衣 정도로 떨어져 있는 距離에 있는 사람들에게 미치게 하는 것으로 그쳤다.

兄弟性

四二, 精神과 眞理에 있어서 자기를 백 사람의 兄弟로 느끼는 者가 血緣의 情에 이끌리는 한 사람의 兄弟보다 훨씬 높은 者다.

어머니의 책

四三, 이 時代에 있어서 가장 緊要한, 子女를 위하여 어머니 손에 쥐어질 수 있는 한 권 어머니의 책, 이것을 엮어보려고 오래전부터 애쓰고 생각해 왔다. 그런데 나는 내가 죽을 때까지 내 있는 힘을 기울여 이 國民敎育의 緊重한 手段을 낳아놓기에 힘쓸 것이다.

책

四四, 우리들이 좋은 책을 쓴다고 하면 책은 女性들에게 마치 밖에 나가는 外套 같은 것이 될 것이리라. 勞動이 女性들에게 마치 집에서 입고 일할 때의 옷이 되는 모양으로.

부르크도르프

四五, 여기 Burgdorf에서는 모든 일이 잘되어 간다. 어린이들은 몸이 튼튼하고, 선생들은 가르치고, 와서 보는 사람들은 놀라고, 非難者들은 沈默하고, 同志들은 키스하고, 眞理는 웃음을 띠우고……

四六, 내가 품은 알에서는 오래지 않아 어여쁜 병아리들이 나올 것이다. 그렇게 되면 심술궂은 애들이 몰려와서 둥지를 나무에서 헐어 떨어뜨린다고 해도 그것은 어미 새에게는 그렇게 중대한 일은 아닐 것이다.

悔 改

四七, 神이 한 사람을 그가 진심으로 悔改하게 하고 罪赦함을 받고 부드럽게 한숨을 내어 쉴 수 있도록 이끌었을 때, 神은 그에게 赦免받음에로의 길과 모든 精神的인 恩寵을 保存할 수 있는데 이르는 길을 이미 보여주신 것이다.

基督敎

四八, 基督敎는 가장 高貴한 사람들이 거기로 나아가야 할 最高의 目標다. 그런데 만일 이 사람 자신이 부실하다고 하면 卽 그의 本性 속에 누워있는 본래의 씩씩함이 그의 머릿속에서 잠자고 있고 그의 손속에서 痲痺되어 있고 그의 가슴속에서 마치 졸고 있는 사람의 꿈 마냥 희미하고 흐리어 있다고 하면

—그가 어떻게 저 最高의 目標에 향하여 나아갈 수 있으랴.

四九, 基督敎는 순연히 德을 세우는 일이다. 그렇기 때문에 各個 人間의 內面性의 問題다.

五○, 異邦人들의 基督敎에 대한 非難, 基督敎는 아무것도 가지지 못한 者의 宗敎라는 非難은 실상 基督敎에 대한 가장 높은 讚揚인 것이다.

感 恩

五一, 무엇이나 고맙게 생각하는 일은 나이 먹은 어른들에게는 그렇게 爽快한 일이 못 될 것이다. 그러나 어린이들에게는 이것이 도리어 즐거움이 된다.

五二, 고마워하는 心情이란 아무 데서나 마구 번창하는 雜草 같은 것이 아니다. 이것을 풀에 비기면 부드럽고 純美로운 풀일 것이다. 이 풀은 지나치게 굳고 말라붙은 土壤 위에도 안 나오고 지나치게 濕하고 물웅덩이가 되어버린 地面 위에도 좀처럼 자라나지 않는다.

謙虛와 知慧

五三, 謙虛는 人間의 赤裸裸한 虛弱性 위에 깃들인다. 그런데 人間의 知慧는 대개로 다시 이 虛弱性의 自覺 위에 놓여 있게 된다.

思 惟

五四, 人間的인 知의 모든 領域에 걸쳐서 다음과 같은 일은 언제나 眞實일 것이다. 어린애같이 素朴하게 생각하지 않는 사람은 누구나 그를 素朴하게 이끌어갈 수가 없다.

五五, 입으로 남의 말을 되받아 외기만 하고 자기 스스로 생각하지 않는 사람은 언제나 입술－作業에 머물러 있어 한번도 精神＝作業에 나오지 못하고 만다. 그리고 입술＝作業은 精神的인 열매를 가져오지 못한다.

貴 族

五六, 아담이 밭 갈고 해와가 베 짤 때 그때 어디에 貴族이 있었나.

自尊心

五七, 아무리 最下層에 있고 가난한 사람이라고 해도 깊이 자기가 슴속에 自尊心을 갖는다. 이것이 毁傷될 때 그가 만일 善良한 사람이면 울고 있고 그가 만일 惡한 者인 境遇에는 미쳐 날뛰는 憤怒에 떨어진다.

知와 行

五八, 사람은 事物을 단순히 바로 알 뿐만 아니라, 올바른 일을 행하고 또 意慾해야 할 것이다.

어버이와 子女

五九, 사람들이 家庭에서 갖는 기쁨이란 이 地上에서 가장 아름다운 기쁨일 것이다. 그리고 子女의 자라남을 즐거워하는 어버이의 즐거움이란 人間의 가장 聖스러운 즐거움일 것이다. 子女에 대한 사랑은 어버이의 心情을 敬虔하고 善良하게 만든다. 子女에 대한 사랑은 人間을 하늘에 계시는 아버지에게로 높인다. 그렇기 때문에 主께서 어버이의 이 같은 기뻐하는 눈물을 祝福 하셨고 子女에 대한 아버지의 모든 信賴와 어머니의 걱정하는 心情을 讚揚하셨던 것이다.

六○, 어버이의 사랑은 봄 저녁에 내리는 이슬같이 포근하고 子女의 사랑은 나무에 달린 꽃 마냥 아름답다.

六一, 어버이 된 者로서는 자기 子女에게 대해서 다음과 같은 생각이 떠오를 때처럼 더 큰 슬픔이란 없을 것이다. －子女들이 어버이 자신의 잘못 때문에 不幸하게 될 것이라거나, 그 때문에 그들이 울고 슬퍼하게 될 것이라거나, 이렇게 되어 아무리 애써도 그들이 어버이에 대한 일을 기쁨과 感謝로 想起할 수 없게 될 것이라거나……

六二, 人間을 심히 低下시키고 때로는 失性하게조차 만드는 것으로서 잘못 取扱된 어린이의 感情 같은 것은 이 세상에 다시없을 것이다.

六三, 사람은 자기 스스로는 正直하고 信實하기를 원치 않으면서도 자기 子女에 대해서는 이것을 원한다는 말이 있는데 이 말이 내게는 잊어지지가 않는다.

解 明

六四, 裁判者는 裁判하는 事件을 바로 밝히고 職工은 자기 만드는 것을 바로 만들고 漁夫는 바다 밑을 바로 알고 天文學者는 天體의 運行을 바로 알고 事業家는 자기가 하는 事業을 바로 알고 賢明한 者는 자기 스스로의 心臟을 바로 안다.

認 識

六五, 친구여, 나 스스로의 本質을 이루는 모든 것, 내가 원하는 모든 것, 그리고 내가 마땅히 행해야 하는 모든 것은 나 스스로로부터 나간다. 나 스스로에 대한 認識마저 나 스스로로부터 나와야 할 것이 아닐까.

六六, 사람은, 특히 敎育者는 어느 境遇에 있어서나 단순한 模倣者가 되어서는 안 될 것이다. 그는 자기 앞에 놓인 여러 모양의 多彩로운 方法과 格率을 자기 스스로의 原理에 비추어 이것을 채로 쳐야 하고 속에 싱싱한 가루가 들어 있는 것뿐을 알맹이로 識別하는 데 依하여 敎育者로서의 獨立性을 들어보여야 한다.

形 成

六七, 당신들의 어린이들을 그들이 東西를 거의 分辨하기 전에 그들이 휘어져야 할 方向으로 휘게 하라. 만일 당신들이 당신들의 어린이를 그들이 아직 그 緣由를 알기 전에 善에로 이끌고 가난한 者의 生活 속에 鍛鍊시킨다고 하면 그들은 죽을 때까지 당신들을 고마워할 것이다.

六八, 어린이들이여, 敎師들이여, 兄弟여! 人間의 本性이 갖고 있는 가장 偉大한 것, 가장 純粹한 것, 가장 聖스러운 것-이것이 그리고 이것뿐이 우리들을 이 學舍의 食口로 만드는 것이다.

「우리들은 形成한다. -우리들은 形成된다.」 이 일 때문에 우리들이 連結된 것이고 이 일 때문에 우리들이 서로 모여 있는 것이고 이 일 때문에 우리들이 한 집을 이룬 것이다.

栗 谷

「擊蒙要訣」로부터

立志章

1

처음 배우는 이는 먼저 모름지기 뜻을 세워 반드시 聖人으로서 스스로 기약할 것이며, 一毫라도 스스로 적게 여겨 退託하는 생각이 잊지 못할 것이다. 대개 衆人도 그 本性은 聖人과 마찬가지다. 비록 氣質은 淸(聖)·濁(衆), 粹(聖)·駁(衆)의 다름이 없지 못하나, 진실로 능히 참답게 알고, 실지로 밟아서 그 舊習을 버리고 그 本性을 회복하면, 털끝만큼 보태지 아니하여도 萬善이 具足할 것이다. 衆人이 어찌하여 聖人으로 自期하지 않겠는가. 그러므로 孟子가 性이 善하다는 것을 말씀하되, 말씀마다 堯·舜을 들어 증명하여 「사람이면 다 堯舜이 될 수 있다」 하셨으니, 어찌 우리를 속이었으랴.

2

마땅히 항상 奮發하기를 「人性은 본시 착하여 古·今, 智·愚의 구별이 없거늘 聖人은 왜 혼자 聖人이 되며, 나는 왜 홀로 衆人이 되는가. 진실로 뜻이 서지 못하며, 앎이 밝지 못하며, 행함이 독실치 못한 까닭이다.」 뜻의 설 것과 앎의 밝을 것과 행하기를 독실하게 할 것은 다 나에게 있는 것이다. 어찌 다른데 求하겠는가. 顔淵이 말하기를 「舜은 어떤 사람이며, 나는 어떤 사람이냐, 하(爲)

면 나도 이렇게 된다」 하셨으니, 나도 또한 「顔淵의 舜을 바라보는 것을 본받겠다」 하는 것이다.

3

사람의 얼굴은 추한 것을 변하여 곱게 할 수 없으며 體力은 약한 것을 강한 것으로 변치 못하며 키는 짧은 것을 길게 만들지 못하니 이것은 이미 정한 분수라 고칠 수 없지마는 오직 心志는 어리석음을 고쳐 지혜로 만들 수 있고 不肖함을 변하여 賢이 될 수 있으니 이것이 마음의 虛靈한 것은 稟受에 관계되지 않는 까닭이다. 대체 智보다 더 좋은 것이 없고 賢보다 더 貴한 것이 없는데 무엇이 괴로워서 賢과 智가 되지 아니하여 하늘이 태여 주신 本性을 損傷시키겠는가. 사람이 이 뜻을 가져 굳게 물러가지 아니하면 道에 庶幾(거의)할 것이다. 무릇 사람들이 스스로 立志하였다고 이르면서 곧 힘쓰지 아니하고 어름거리고 기다리는 자는 말로는 立志라 하나 實은 向學할 성의가 없는 까닭이다. 진실로 나의 뜻이 學問에 있으면 仁을 하는 것이 나에게 있으므로 하려고 하면 될 것이니 왜 남에게 求하며 왜 後日을 기다리겠는가. 立志를 貴하다는 것은 곧 공부를 시작하여 생각이 물러가지 않는 까닭인데 만일 뜻이 정성스럽지 못하여 이럭저럭 날을 보낸다면 죽기까지에 어찌 성취가 있겠는가.

革舊習章

4

사람이 비록 學問에 뜻이 있어도 용맹스럽게 바로 나가서 성취함이 있도록 하지 못하는 것은 舊習이 방해하는 까닭이다. 舊習의 名目을 다음과 같이 列記하니 만일 뜻을 가다듬어 痛切히 끊어버리지 않으면 마침내 學을 하여 볼 도리가 없을 것이다.

첫째는 그 心志를 게을리 하며 그 몸가짐을 放하게 하여 다만 놀고 편안함만 생각하고 심히 구속을 싫어하는 것.

둘째는 항상 動作하기를 생각하고 능히 安靜치 못하여 분주히 出入하고 이야기로 날을 보내는 것.

셋째는 같은 것을 좋아하며 다른 것을 미워하여 流俗에 빠져서 조금 修飾하려다가도 남에게 틀릴까 겁내는 것.

넷째는 文章으로 남에게 칭찬받기 좋아하여 옛글을 떼어다가 浮華한 文彩나 꾸미는 것.

다섯째는 글씨에나 교묘하여 琴·酒를 일삼고 優遊히 세월을 보내어 스스로 맑은 韻致로 아는 것.

여섯째는 일없는 사람들을 모아 碁·博이나 좋아하며 終日토록 다투기만 일삼는 것.

일곱째는 富貴를 부러워하며 貧賤한 것을 싫어하여 惡衣 惡食을 심히 수치로 아는 것.

여덟째는 嗜慾이 절도가 없어 끊고 억제하지 못하여 貨利와 聲(樂) 色에 그 맛이 꿀 같은 것.

습관이 마음에 해로운 것이 대개 이와 같고 그 나머지는 다 헤아리기 어렵다. 이 습관이 사람으로 하여금 뜻이 굳지 못하고 행실이 공경하지 못하게 만들어 오늘에 한 것을 내일에 고치기 어렵고 아침에는 후회하여도 저녁에 다시 그러하니, 반드시 모름지기 용맹스런 뜻을 크게 떨쳐서 한 칼로 뿌리째 끊어버리듯 心地를 깨끗이 씻어 털끝만한 나머지도 없게 하고 때때로 매양 痛切이 反省하여 마음에 一點 舊習의 더러움이 없게 한 후에야 進學의 工夫를 論할 수 있을 것이다.

接身章

5

學者는 반드시 誠心으로 道에 向하여 世俗雜事로써 그 뜻을 요란하게 하지 아니한 후에야 學問하는 것이 基礎가 있게 된다. 그러므로 孔子의 말씀에 「忠信을 主로 하라(主忠信)」 하셨는데, 朱子가 해석하되 「사람이 忠信치 아니하면 일이 다 實이 없어 惡을 하려면 쉬워도 善을 하려면 어렵다. 그러므로 반드시 이(忠信)로써 主를 삼는 것이라」 하셨으니, 반드시 忠信을 爲主하여 용맹스러이 工夫를 시작한 연후에야 능히 成就가 있는 것이다. 黃勉齋의 이른바 「眞實心地 刻苦工夫」라는 두 마디가 다 말하였다.

6

學을 하는 것은 日用行事에 있으니 만일 平時에 居處가 恭하며 執事하는 것이 敬하며 남과 사귐이 忠하면, 이것을 爲學한다 하는 것이니 글을 읽는 것은 이 이치를 밝히고자 할 뿐이다.

7

衣服은 奢侈할 것이 아니라 禦寒할 뿐이며, 飮食은 甘美할 것이 아니라 주림을 채울 뿐이며 居處는 安逸할 것이 아니라 病나지 않게 할 뿐이며, 오직 學問의 功程과 心術의 바름과 威儀의 法則은 날마다 힘쓰고 힘써서 自足하게 생각하지 말 것이다.

8

克己(自己의 利慾을 이기는 것) 工夫가 가장 日用에 切實하다. 이른바 「己」란 것은 내 마음이 天理에 合當치 않는 것을 말한 것이니, 반드시 모름지기 「내 마음이 色을 좋아하는가, 名譽를 좋아하는가, 任官을 좋아하는가, 安逸을 좋아하는가, 宴樂을 좋아하는가, 珍玩을 좋아하는가」 이렇게 檢察하여, 凡百에 좋아하는 것이 만일 理에 不合하거든 一切로 痛切히 끊어서 뿌리를 남기지 아니한 후에야 내 마음의 좋아하는 것이 비로소 義理에 맞아서 「己」의 克할 것이 없게 될 것이다.

9

말 많고 생각 많은 것이 가장 心術에 해로우니, 일이 없거든 마땅히 靜座하여 存心하고, 남을 접대하거든 마땅히 말을 가리어(擇言한다는 것이니 할 말만 가려한다는 것이다) 簡重히 하며, 때(말할 때)가 된 다음에 말하면 말이 簡하지 않을 수 없으니 말이 簡한 자는 道에 가깝다.

10

學을 하는 자는 한결같이 道에만 向할 것이며 外物의 이긴 바가 되어서는 안 될 것이니 外物의 不正한 것은 마땅히 一切 마음에 두지 말 것이다. 鄕人의 모인 곳에 만일 碁·博·樗蒲(골패등속) 等의 작란을 베풀거든 마땅히 눈에 대지 말고 물러가 피할 것이며 만일 娼妓들이 歌舞하는 것을 만나거든 마땅히 避居할 것이다. 만일 鄕中大會에 혹 尊長이 억지로 만류하여 避할 수 없거든 비록 자리에 앉아 있더라도 몸을 바로 하고 마음을 맑혀서 奸聲·亂色이 나에게 범치 못하게 할 것이며, 宴會에서 술을 마시더라도 沈醉하지 말고 半醉하면 그치는 것이 옳고 무릇 飮食도 마땅히 適中하게 할 것이며, 口味대로 먹다가 氣에 損傷함이 없게 할 것이며, 말과 웃음을 마땅히 簡重히 하여 喧嘩로 節度를 지나치지 말 것이며, 動·止는 마땅히 安詳히 하여 粗率하여 威儀를 잃지 못할 것이다. 일이 있으면 이치로써 酬應하며, 글을 읽거든 정성으로써 이치를 궁구할 것이며, 이 두 가지를 제한 外에는 靜坐하여 마음을 거두어 마음이 寂寂하여 紛起하는 생각이 없으며, 惺惺(깨쳐 있는 것)하여 昏沈함이 없게 할 것이니, 이른바 「敬으로 안(內-즉 마음)을 곧게 하라」(周易에 있는 말)는 것이 이와 같다.

11

마땅히 몸과 마음을 바루어 表裏가 如一하여 그윽한 데서도 드러난데 있는 것과 같이 하며, 혼자 있을 때도 衆人의 處所에 있는 것 같이 하여, 이 마음으로 하여금 靑天白日이 사람마다 볼 수 있음과 같이하여, 항상 「한 가지의 不義를 行하고 한 사람의 無罪한 이를 죽여서 天下를 얻을지라도 하지 않는다」(孟子에 있는 말)는

意思를 가슴속에 둘 것이다.

12

敬에 居하여 그 근본을 세우며, 이치를 궁구하여 善에 밝으며, 힘써 행하여 實을 밝힐 것이니, 이 세 가지는 終身事業이다.

13

「생각에 사특함이 없을 것」과 「경하지 않음이 없을 것」－이 二句는 一生에 愛用하여도 다하지 않을 것이니 壁上에 붙여 두고 잠깐도 잊지 못할 것이다.

14

매일에 자주 스스로 點檢하기를 「心이 存하지 않는가, 學이 進하지 아니한가, 行하기를 힘쓰지 아니한가」하여, 있거든 고치고 없거든 더욱 힘써서 부지런히 게을리 하지 말아서 죽은 뒤에야 말 것이다.

讀書章

15

學者는 항상 마음을 存하여 事物의 이기는 바가 되지 않게 하고 반드시 모름지기 이치를 궁구하여 善을 밝힌 후에 당연히 행할 길이 분명히 앞에 나타나서 可히 進步할 수 있다. 그러므로 道에 들어가기는 이치를 궁구하는 것(窮理)보다 먼저 할 것이 없고, 궁구하는 데는 글을 읽는 것보다 더 먼저 할 것이 없으니 聖賢의 用心하신 자취와 및 善의 본받을 만한 것과 惡의 경계할 만한 것들이 다 글에 있는 때문이다. 무릇 讀書하는 이는 반드시 端拱하고 바로 앉아서 공경히 책을 대하여 마음을 오로지 하고 뜻을 극진히 하여 精確하게 생각하고 익숙히 연구하여 義趣를 깊이 理解하되 句節마다 반드시 實踐할 방법을 求할 것이다. 만일 입으로만 읽고 마음으로 體得하지 못하며 몸으로 행하지도 못하면 글은 글이요 나는 내가 되고 말 것이니 무슨 유익이 되겠는가. 먼저 小學을 읽어서 「父母를 섬김과 兄을 공경함과 스승을 높임과 벗을 친하는」 도리에 一一이 자세히 吟味하여 힘써 행해야 할 것이다.

16

무릇 讀書하는 데는 반드시 一冊을 熟讀하여 뜻을 다 알아서 貫通하여 의심이 없는 후에 他書를 다시 읽을 것이며 많이 읽기를 힘써서 바쁘게 넘기지 말 것이다.

事親章

17

무릇 사람이 부모에게 孝道하여야 할 줄 모르는 이는 없되 정말 孝道하는 이가 심히 적은 것은 부모의 은혜를 깊이 알지 못하는 까닭이다. 天下에서 내 몸보다 貴한 것이 심히 없는데 내 몸은 부모가 주신 바이다. 지금 남에게 재물을 주는 이가 있으면 그 物의 多少 輕重에 따라 은혜를 감사히 생각하는 것이 다른데 父母는 나에게 몸을 주셨으니 온 천하의 물건이 내 몸과는 바꿀 수 없는 것이다. 부모의 은혜가 어떠한가. 어찌 감히 몸을 제 것으로 생각하여 부모에게 효도를 극진히 하지 아니 할까. 사람이 능히 항상 이 마음을 가지면 스스로 부모에게 대한 정성이 생길 것이다.

18

매일 밝기 전에 일어나서 세수하고 衣冠하여 父母의 寢所에 가서 氣를 낮추고 音聲을 부드럽게 하여 덥고 찬 것 安否를 묻고 저녁이면 寢所에 가서 이부자리를 보아 드리고 侍奉할 제는 항상 和한 眼色으로 공경히 應對하여 모든 것에 정성을 극진히 하며 出入할 때에는 반드시 절하고 告할 것이다.

19

지금 사람들이 흔히 父母에 依賴하고 자기의 힘으로 父母를 봉양하지 못하니, 이렇게 세월만 넘기면 마침내 父母를 봉양할 때가 없을 것이다. 반드시 모름지기 살림을 맡아서 父母의 봉양을 극진히 한 후에야 자식의 職分을 닦는 것이다. 만일 父母가 굳게 듣지 않으시면 비록 살림살이는 못 하더라도 마땅히 周旋, 補助하여 父母의 잡수실 것을 극진히 할 것이니, 만일 생각마다 父母 봉양에 있다하면 珍味도 반드시 얻을 수 있을 것이다. 매양 옛적 王延이 嚴冬에 몸에는 성한 옷이 없으면서도 父母에게는 맛난 음식을 극진히 드렸다는 것을 생각하매 感歎하여 눈물이 흐른다.

20

父母의 뜻이 만일 義理에 해로운 것이 아니면 마땅히 말씀하기 전에 받들어서 조금도 어기지 말 것이며, 만일 理致에 不當한 것이면 和한 氣色과 좋은 낯빛과 부드러운 말소리로 反復하여 아뢰어 꼭 들으시도록 할 것이다.

父母가 병환이 계시면 마음에 걱정하고 氣色이 沮喪되어 他事를 제쳐놓고 다만 醫員 데려오고 약 짓기만 힘쓰다가 병이 나아야 平時대로 할 것이다.

21

日用行事에 잠간이라도 父母를 잊지 못하는 후에야 孝道라 할 수 있는 것이니, 제 몸가짐이 조심스럽지 못하며 말하는 것이 법도가 없이 놀기와 희롱으로 세월을 보내는 者는 다 父母를 잊어버린 者들이다.

22

세월이 흐르는 물과 같아 父母 섬기기도 오래지 못할 것이다. 그러므로 자식 된 자는 모름지기 정성을 다하고 힘을 다하여 그래도 마치지 못할 것같이 하여야 한다.

居家章

23

무릇 居家하는 데는 마땅히 禮法을 삼가 지켜서 妻子와 家衆을 거느려서 職을 分하고 일을 주어 成功을 責任지우고, 財用의 節度를 마련하여 收入을 헤아려 支出하여, 家産의 有無를 맞추어 上下의 衣食과 吉凶의 費用에 充當하되 다 品節이 있고도 均一케 하여, 浮費를 裁減하고 奢華를 禁止하여, 항상 나머지를 두어 不意의 用處에 준비할 것이다.

24

冠婚의 制度는 마땅히 家禮에 依할 것이오, 苟且히 俗을 따르지 말 것이니라. 兄弟는 父母의 遺體를 한가지로 받아 나오는 一身같으니 서로 보기를 마땅히 彼·我의 구별이 없이 음식, 의복에 유무를 같이 할 것이다. 設使 兄이 배고픈데 아우만 배부르고, 아우가 차고 형은 따뜻하다면, 이것은 一身 中에 一部分은 병들고 一部分

은 健康한 것이니, 身心이 어찌 한쪽으로 편안하랴. 지금 사람들이 兄弟間에 서로 사랑하지 않는 것이 다 父母를 사랑하지 않는 까닭이다. 만일 父母를 사랑하는 마음이 있다면, 어찌 父母의 자식을 사랑하지 아니할까. 형제가 만일 不善한 행실이 있으면, 마땅히 정성을 쌓아 忠諫하여 이치로써 점점 알아듣게 하여 感悟하도록 할 것이며, 문득 노한 기색과 거스리는 말로 和氣를 잃어서는 아니 될 것이다.

25

지금 學者들은 밖으로는 矜持하나 안으로는 篤實함이 적어서 夫婦間에 이부자리 속에서 情慾을 放縱하여 威儀를 잃은 고로 夫婦가 서로 戱弄하지 않고 능히 서로 恭敬하는 이가 매우 적다. 이러고서 修身, 正家를 하려면 어렵지 아니하다. 반드시 모름지기 男便은 和하되 義로서 制하고, 妻는 順하되 正으로서 夫婦의 사이에 禮敬을 잃지 않은 뒤에야 家事를 다스릴 수 있을 것이다. 만일 從前에 서로 戱弄하다가 一朝에 문득 서로 恭敬하려면 되기 어려울 것이니, 妻와 서로 경계하여 반드시 前習을 버리고 점점 禮에 들어가게 할 것이다. 妻가 나의 몸가짐과 말하는 것이 한결같이 바르게 하는 것을 보면 점점 서로 믿어서 順從할 것이다.

26

子息을 낳았거든 조금 알음이 있을 때부터 마땅히 善으로써 引導할 것이니, 만일 어려서 가르치지 않다가 이미 자람에 이르러서는 그른데 習慣되고 放心이 되어 가르치기 甚히 어려울 것이다. 가르치는 順序는 마땅히 小學에 의할 것이다. 대저 一家의 안에 禮法이 興行되고 書冊筆墨의 外에 다른 雜技가 없으면, 子弟들도 역시 學問을 버리고 밖으로 달릴 염려가 없을 것이다. 兄弟의 子息도 子息과 같으니, 사랑하고 가르치기를 마땅히 均一하게 하여 輕重 厚薄이 있어서는 아니 될 것이다.

君子는 道를 걱정하고 가난함을 걱정하지 아니 할 것이다. 다만 집이 가난하여 살아갈 수 없으면 비록 救窮할 계책을 생각하더라도 飢寒이나 免케 할 뿐이며, 儲蓄豊足할 생각을 두지 말 것이며 또한 世間의 비루한 일로 마음속에 머물게 하지 말 것이다. 옛적 隱者들이 신을 삼아 먹는 者도 있고, 나무하고 고기잡이한 者도 있고, 밭가는 사람도 있었으니, 이러한 사람들은 富貴가 能히 그 마음을 움직이지 못한 고로 이러한 生活에 편히 한 것이다. 만일 利害를 헤아리는 생각이 있다면 어찌 心術에 해롭지 아니 할까. 學者는 모름지기 富貴를 가벼이 알고 貧賤을 지키겠다는 마음을 가져야 할 것이다.

接人章

28

무릇 接人하는 데는 마땅히 和와 敬을 힘쓸 것이니, 나이 나보다 倍가 되면 아버지처럼 섬기며, 十年長이면 兄으로 섬기고, 五年長이라도 조금 尊敬할 것이며, 學問을 믿고 스스로 높은 체 하거나 氣를 崇尙하여 남을 凌蔑하지 못할 것이다.

29

벗을 택하되 반드시 學을 좋아하며 善을 좋아하고 方嚴直諒한 사람을 取하여 더불어 同處하면서 規戒를 虛心으로 받아서 나의 缺陷을 다스릴 것이며 만일 怠惰하여 작난을 좋아하고 부드럽고 아첨하여 正直하지 못한 者는 사귀지 못할 것이다.

30

鄕人의 善한 者와는 반드시 親近하여 通情할 것이며, 鄕人의 不善한 자도 역시 惡言으로 그 陋行을 表揚치는 못할 것이며, 다만 범연히 대접하여 서로 왕래하지 아니 할 것이다. 만일 前日에 서로 알던 사이면 安否나 묻고 다른 말을 주고받지 않으면 자연히 疎遠하게 되고 원망하거나 논하지도 않을 것이다.

소리가 같으면 서로 應하고 기운이 같으면 서로 求하니(同聲相應 同氣相求), 만일 내가 學問에 뜻을 두면 내가 또다시 學問하는 선비를 求할 것이며 學問하는 선비도 또한 반드시 나를 求할 것이다. 學問한다고 이름하면서 門庭에 雜客이 많아 시끄러이 날을 지내는 자는 반드시 그 즐겨함이 學問에 있지 않는 까닭이다.

32

남이 나를 훼방하는 자가 있거든 반드시 돌이켜 自省하여, 만일 내가 實로 훼방 받을 만한 行動이 있으면 스스로 꾸짖어 改過를 싫어하지 않을 것이며, 만일 나의 過失이 심히 輕微한데 그가 보태어 말하였다면 그의 말은 비록 과하나 내가 實로 훼방 받을 근거가 있었으니, 역시 전일의 잘못을 痛切히 끊어서 털끝만치도 남기지 않을 것이며, 만일 나는 본시 허물이 없는데 虛言을 捏造하면 그는 망령된 사람일 뿐이니 妄人더러 어찌 虛實을 計較하겠는가. 그러하므로 헛된 훼방은 바람이 귀에 지나는 것이나 구름이 虛空에 뜬 것과 같으니 나에게 무슨 상관있겠는가. 대저 이렇게 되면 훼방이 생길 때에 있었으면 고치고 없었으면 더욱 힘쓸 것이니 나에게는 有益하지 않음이 없는 것이다. 만일 그것을 듣고 시끄러이 自辨하기를 말지 않아서 꼭 자기가 허물없는 사람이 되려 하면 그 허물이 더욱 깊어져서 훼방 받는 것이 더욱 重할 것이다. 옛적에 혹 훼방 없게 하는 방법을 물은 즉 文中子가 답하기를, 「스스로 修身하는 것만 같음이 없다」하고 그 사람이 다시 한 말씀을 더 請하였더니 「변명치 말라」 하였으니 이 말이 學者의 法이 될 만하다.

33

무릇 先生 長者를 보실 때에는 마땅히 義理의 알기 어려운 곳을 質問하여 그 學을 밝힐 것이다. 鄕黨長老를 모시거든 마땅히 공손하며 조심하여 함부로 말하지 않다가 묻는 것이 있으면 공경히 실상대로 대답할 것이다. 친구와 같이 있을 때는 마땅히 道義로서 講磨하여 文字 義理만 말할 뿐이며 世俗의 鄙俚한 말이나 時政의 得失과 守令의 賢·否와 他人의 過·惡은 一切 입에 걸지 말 것이다. 鄕人과 놀 때에는 비록 묻는데 따라 應答하더라도 마침내 鄙褻한 말을 發하지 말며 비록 점잖게 몸을 가지더라도 스스로 높은 체하는 氣色을 두지 말고 오직 착한 말로 달래어 이끌어서 學

에 向하도록 하여 주고 나보다 나이 젊은 자에게는 諄諄히 孝·悌·忠·信을 말하여 善心을 發하도록 하여 줄 것이니 이러하기를 마지아니하면 鄕俗을 점점 변할 수 있을 것이다.

34

항상 溫恭하며 慈愛하여 남을 이롭게 하고 物을 건져 주기로 마음을 먹을 것이며 侵人害物하는 일은 털끝만치도 마음에 두지 말 것이다. 무릇 사람이 자기에게 이로우려 하면 반드시 남을 侵害하게 되는 고로 學者는 먼저 利心을 끊은 후에야 가히 仁을 배울 수 있을 것이다.

35

시골에 사는 선비가 公事나 不得已한 일이 아니면 官府에 出入하지 말 것이며, 邑宰가 비록 至親이라도 자주 가 보지 말 것인데 하물며 親舊가 아님에랴. 만일 非義인 請囑은 一切 말 것이다.

處世章

36

예전 學者는 벼슬을 구하는 것이 아니라, 學問이 成就되면 위에서 들어 쓰는 것이니 대개 벼슬은 남을 위한 것이며 자기를 위하는 것이 아니다. 지금은 그렇지 아니하여 科擧로 사람을 뽑게 되므로 비록 通天한 學과 絶人한 행실이 있어도 科擧가 아니면 出世하여 道를 행할 수 없으므로, 아비가 자식을 가르치고 형이 그 아우에게 권하는 것이 科擧 外에는 다시 다른 方法이 없으니 士習의 버려짐이 이 까닭이다. 다만 지금 선비가 많이 父母의 희망과 門戶의 계책을 위하여 科擧를 하더라도 마땅히 자기의 포부를 길러서 때를 기다려 得失은 天命에 붙일 것이며 貪躁熱中하여 그 뜻을 잃지 말 것이다.

37

사람들이 벼슬하기 전에는 벼슬만 급하다가 벼슬한 뒤에는 벼슬을 잃을까 걱정하여 이렇게 汨沒하여 그 本心을 잃은 사람들이 많다. 어찌 두렵지 않은가. 벼슬이 높은 이는 道를 행하기로 주장하여 道를 행할 수 없으면 물러갈 것이며, 만일 집이 가난하여 祿仕(먹기 위한 벼슬)를 免치 못하면 모름지기 內職을 사양하고 外官을 求하며 높은 地位를 사양하고 낮은 자리를 求하여 飢寒을 免할 것이다. 비록 祿仕를 하더라도 마땅히 廉勤奉公하여 職務를 다할 것이요 놀고서 먹기만 하지 못할 것이다.

토마쓰 아 켐피쓰

Imitatio Christi로부터

그리스도를 본받음

一, 나를 따르는 자는 어두움 속에 거니지 않는다고 주께서 말씀하셨다. 이는 그리스도께서 우리를 훈계하시는 말씀이니 우리가 진정으로 光明을 받아 깨우칠 마음이 있고 마음의 소경됨을 면하고자 하면, 그리스도의 生活과 행실을 본받아야 할 것이다. 이러므로 우리가 가장 힘쓸 바는 예수그리스도의 一生을 默想함이다.

二, 이러므로 消滅하고야 말 財物을 찾고 그 財物에 希望을 두는 것은 헛된 일이다. 尊敬을 탐내거나 높은 地位를 꾀하는 것도 헛된 일이다. 육신의 願慾을 쫓거나 후에 크게 벌 받을 짓을 원함도 헛된 일이다. 오래 살기만 원하고 착하게 살려고는 별로 착심하지 아니함도 헛된 일이다. 現在의 生活에만 골몰하고 올 後世를 미리 생각지 않는 것도 헛된 일이다. 잠간사이에 지나가 버릴 것을 사랑하고 영원한 즐거움이 있을 곳으로 내닫지 아니함도 헛된 일이다.

三, 『눈은 볼수록 滿足지 않고 귀는 들을수록 부족을 느낀다』(엑글리 一의 八), 이 격언을 기억하라. 이러므로 이 세상물건을 사랑하는 마음을 없이하고 無形한 事物을 찾아 나아가기를 너는 힘쓰라. 대저 세상 것을 사랑하는 마음을 따르게 되면 良心을 더럽히고 神의 성총을 잃게 된다.

자기를 경천히 여김

四, 알고자함은 사람마다 가진 天性이다. 그러나 神을 두려워하는 마음이 없는 知識이라면 무슨 소용이 있으랴? 자기 사정을 돌보지 않고 日月星辰의 도는 길을 익혀 硏究하는 교오한 哲學者보다도 神을 섬기는 촌백성이 확실히 더 낫다. 자기를 아는 사람은 자기를 스스로 낮추며 사람의 칭찬을 즐기지 아니한다. 세상에 있는 모든 것을 다 안다고 해도 사랑이 없다면 나를 행실로써 審判하실 神앞에 내게 무슨 도움이 되겠느냐?

五, 너무 과히 알고자 하지 말라. 거기서 큰 분심거리가 많이 생기고 많이 속는다. 知識이 있는 者는 남에게 유익하게 보이고저 하고 지혜롭다는 칭찬 듣기를 원한다. 안대도 그다지 靈魂에 유익하지도 않거나 혹 아주 無益한 것도 많다. 자기 영혼 구하는 데 유조한 것은 제쳐놓고 다른 사정에 열중하는 이는 실로 미련하다. 허다한 말이 靈魂에 滿足을 주지 못하지만, 착한 행실은 정신을 새롭게 하고 조찰한 良心은 神에게 대한 의뢰심을 준다.

六, 더 많이 알고 더 낫게 알수록 그만치 더 거룩하게 살지 않으면 이 때문에 그만큼 더 중한 判斷을 받을 것이다. 그러므로 네가 무슨 技術이 있고 무슨 知識이 있다고 자랑하지 말 것이며 차라리 얻은 知識에 대하여 두려워하라. 네가 스스로 많이 아는 것 같고 무엇을 잘 理解하는 것 같이 생각되거든 네가 아직도 모르는 것이 많은 줄로 생각하라. 「높은 것을 구하지 말라」(로마서 三의 一六), 차라리 네가 모르는 것을 자복하라. 너보다 더 博學하고 너보다 法에 더 익숙한 者가 많거늘 어찌 네가 남보다 나은 줄로 생각하느냐. 무엇을 유익하게 알고 배우고자 하거든 남이 너를 몰라주기를 좋아하고 남이 너를 아무것도 아닌 것으로 여김을 좋아할 줄을 배우라.

七, 제일 고상하고 유익한 지식은 자기 자체를 참되게 알고 자기를 경천히 봄에 있다. 자기에게 대하여는 아무것도 생각지 않고 남은 항상 좋고 高尙한 줄로 생각하는 것은 큰 智慧요 高尙한 完德이다. 남이 드러나게 범죄하고 혹 무슨 큰 暴行을 하는 것을 볼 지라도 그래도 네가 그보다 나은 줄로 생각지 말 것이니 네가 얼마동안이나 그런 착한 地位에 항구할는지 모르는 때문이다. 사람은 누구나 약하다. 그러나 너보다 연약한 자는 아무도 없는 줄로 알라.

眞理에 따라감

八, 사라져 없어지는 형상이나 말로써 배우지 않고, 眞理 자신에게 眞理 그대로 배우는 자는 행복하다. 우리 소견과 우리 생각은 자주 우리를 속일 뿐더러 또 그 보는 바는 적다. 深奧하고 희미한 사정에 대하여 수다하게 論證하는 것이 무엇에 유익하랴? 심판 때에 이런 것을 몰랐다고 책망을 들을 리는 없다. 유익하고 요긴한 것을 소홀히 보고, 호기심에서 해로운 일에는 즐겨 착심함은 얼마나 어리석은 짓인가? 이는 눈을 가지고도 보지 못함이다.

九, 누구든지 자기 정신을 集中하고 또 마음을 순박하게 할수록 그만큼 힘들이지 않고 많이 또 깊이 깨달을 것이니 이는 위로부터 오는 聰明의 빛을 받는 때문이다. 마음이 정결하고 순직하고 항구하면 일이 많아도 精神이 산란치 아니하니, 이는 모든 것을 神의 尊敬을 위하여 행함이요 자기를 표준하는 사사로운 利益을 찾지 아니하는 연고다 . 네 마음에 누르지 않은 情慾보다 더 너를 障碍하고 성가시게 구는 것이 또 있으랴? 착하고 신심이 있는 사람은 겉으로 행할 일을 먼저 마음에 예산한다. 또 무슨 일을 한다고 그로 인하여 私慾에로 기울어지는 願慾을 따르지 않을 뿐더러 오히려 그 일을 바른 理性의 命令대로 따르게 한다. 자기를 이기려고 하는 싸움보다 더 맹렬한 戰爭이 어디 있으랴? 그러므로 우리가 날마다 할 일은 나 자신을 이기고 나날이 나를 이김에 용맹하여지고 善에로 더 나아가려고 힘쓰는 데 있는 것이다.

一〇, 이 세상 완덕이란 어느 것에든지 얼마큼한 결함이 없지 않고 우리의 硏究도 얼마큼한 애매함을 면치 못한다. 깊이 학문을 硏究함보다는 너를 천히 생각할 줄 아는 것이 神께로 가는 더 확실한 길이다. 그렇지만 學問을 탓함이 아니요 혹 무슨 사물을 硏究하여 앎을 그르다는 것은 아니다. 學問 자체는 좋은 것이요 또 神의 安配하신 것이다. 다만 良心이 착하고 덕성스러이 살아나감을 더 낫게 여길 것이다. 많은 사람이 착하게 살기보다도 알려고만 힘쓰는 고로 자주 그르치고 거의 아무 결과가 없고 혹 있어도 아주 微少할 뿐이다.

지혜롭게 행함

一一, 무슨 말이든지 다 믿을 것도 아니요, 안으로 무슨 衝動이 있다고 즉시 그대로 할 것도 아니다. 神의 뜻을 생각하여 每事를 깊이 注意하여 마련할 것이다. 슬프다. 우리는 남을 착하다고 하기보다 그르다고 믿고 말하기가 일수다. 우리는 이렇게 언약한 자들이다. 그러나 완덕에 이른 사람은 쉽사리 남의 말을 함부로 믿지 않느니, 그는 사람들이 연약하여 악으로 잘 기울어지고 말에 실수하기가 쉬움을 아는 때문이다.

一二, 무슨 일을 하든지 조급히 굴지 않고 자기 주견만을 고집하여 내세우지 아니함은 큰 지혜다. 누구의 말이나 다 분별없이 믿지 않고 또 들은 것이나 자기가 믿는 것을 즉시 다른 사람의 귀에 옮기지 아니함도 큰 지혜다. 지혜롭고 또 良心을 잘 지키는 사람에게 가서 훈계를 청하라. 그리고 네 사사로운 생각을 따르는 것보다 너보다 더 나은 자에게 가서 배우기를 힘쓰라. 착하게 살아야 神의 뜻에 맞는 지혜로운 자가 될 것이요 많은 일에 經驗을 얻으리라. 사람이 스스로 자기를 낮추어 생각할수록 또 神께 잘 순종할수록 모든 일에 지혜로울 것이요 평화로이 살 것이다.

절제 없는 감정

一三, 사람이 무엇을 義理에 어긋나게 탐할제마다 즉시 內心의 불안을 느끼게 된다. 교오한 사람과 인색한 사람은 한 번도 평안이 있을 때가 없다. 마음으로 가난하고 겸손한 자는 평화가 충만한 중에 산다. 자기에게 대하여 온전히 죽지 않은 자는 오래지 아니하여 유감을 당하고 사소하고 천한 일에도 실패한다. 마음이 약하여 아직도 육신의 奴隸가 되어 육신쾌락에 기울어지는 자는 世俗의 모든 願慾을 다 끊어버리기를 매우 어려워한다. 그런고로 그런 사람은 世樂을 떠나면 그 다음에 슬픈 기분이 들고 누가 그를 반대하면 경솔히 분을 발한다.

一四, 자기가 탐하던 바를 얻어 행하게 되면 즉시 良心이 보채어 괴롭다. 그는 마음에 구하던 平和에 아무런 도움도 아니되는 私願을 따른 때문이다. 그러므로 私願을 쳐 이김으로써 마음에 참된 平和를 얻을 수 있지만 그 私慾을 따르므로 平和를 얻지는 못한다. 그러므로 육신의 종이 된 사람의 마음에 平和가 있는 것이 아니요 밖에 일에 전혀 몰두한 사람의 마음에 있는 것도 아니요 오직 열심 있고 신령한 사람에게 있는 것이다.

헛된 희망과 교오를 피함

一五, 네게 財物이 있다고 영광을 삼지도 말고, 勢力이 있는 친구가 있다고 높이 생각지도 말고, 오직 모든 것을 주시고 모든 것 위에 자기를 주시고자 하시는 神을 모시는 것만 영광으로 생각하여라. 너는 네 몸이 건전하고 아름답다고 스스로 자랑치 말라. 사소한 병으로라도 썩어질 것이며 냄새를 발할 것이 아니냐. 너는 무엇을 민첩히 잘 한다고 혹 무슨 재주가 있다고 自慢하시 말라. 네기 타고난 모든 서우 다 神의 것이어든 두리건데 주께 불합할까 하노라.

一六, 네가 다른 사람보다 나은 줄로 생각지 말라. 두리건대 사람의 마음속에 무엇이 있는지를 아시는 神의 앞에 네가 남만 못할까 하노라. 네가 무슨 좋은 일을 하였다고 교오치 말라. 神의 판단하심은 사람의 판단하는 것과 같지 아니하니, 흔히 사람들이 좋다는 것이 神께는 불합하게 되는 까닭이다. 네게 무슨 선한 것이 있다면 남들에게는 이보다 더 善한 것이 있는 줄로 생각하여 겸손한 마음을 보존하도록 하라. 네가 너를 모든 사람 밑에 둔다고 조금도 害가 없지만 한 사람 위라도 너를 높이게 되면 매우 해로울 것이다. 겸손한 사람에게는 항상 平和가 있으니 교오한 者의 마음에는 忿怒와 嫉妬心이 자주 일어난다.

지나친 友情을 피함

一七, 모든 사람에게 네 마음을 드러내지 말라(엑글리, 八의 二二). 지혜롭고 神을 두려워하는 자에게 네 사정을 말하라. 젊은 사람들과 바깥사람들과의 交際는 드물게 하라. 부자들에게 아첨하지 말고 大官들과 교제하기를 그리 좋아하지 말라. 겸손하고 순직한 사람들과 사귀고 信心 있고 행실이 착한 사람들과 사귀어라. 그리고 建設的 事情에 대하여 이야기하여라. 어느 女人과든지 너무 친절히 지내지 말고 오직 보편적으로 모든 착한 女人들을 神께 부탁할 따름이면 좋다. 神과 主의 천신들과 친근히 지내고 남 앞에 드러나기를 원치 말라.

一八, 모든 사람을 다 사랑할 것이로되 지나친 우정은 유익할 것이 없다. 어떤 사람은 교제하여 보기 전에 名聲이 좋아 보이나 대면하여 보면 그렇지 못한 수가 흔히 있다. 어떤 때에는 남에게 잘해줌으로 마음을 즐겁게 하려다가 도리어 우리의 결점이 드러난 탓으로 그에게 불합하기 시작하는 수가 있다.

순명하는 마음

一九, 남에게 의견을 주는 이 보다는 남의 의견을 듣고 받는 것이 더 안전하다는 말을 나는 자주 들었다. 각 사람의 의견이 다 좋을 수도 있으나, 상당한 理由가 있고 연고가 있음에도 불구하고 남의 의견을 따르지 않는다면 이는 驕傲와 고집의 표일 뿐이다.

말에 수다스러움을 피함

二〇, 너는 할 수 있는 대로 사람의 騷亂함을 피하라. 대저 世俗일에 대하여 論難함은 제 아무리 순진한 생각에서일망정 적지 않게 조당이 되는 때문이다. 또 그리고 우리는 쓸데없는 것에 물들기가 쉽고 사로잡히기가 쉽다. 나는 전에 한 일을 생각하면 말을 아니하고 사람들과 상종치 아니하였으면 좋았으리라는 생각이 난다. 그런데 우리는 왜 이렇게 말을 많이 잘하며 서로 지껄이기를 즐길까. 말을 그치고 보면 良心에 상처받은 것을 깨닫지 아닌 때가 매우 적은데! 우리가 서로 수작하기를 이렇게 즐기는 것은 많은 말로써 서로 위로를 찾고자 함이요 또 여러 가지 생각으로서 피곤하여진 마음을 쉬게 하고자 함이라. 우리가 즐겨 말하고 또 즐겨 생각하는 것은 우리가 많이 사랑하는 것이나 많이 원하는 것이나 혹 우리에게 거슬리는 사정이다.

평화를 얻음과 앞으로 나아가는 열성

二一, 남의 말과 행위에 참견하지 않고 또 우리에게 상관없는 일에 관계하지 않는다면 平和를 많이 누릴 수 있을 것이다. 남의 일을 간섭하고 바깥일을 찾으며 안으로 마음을 수습하기를 적게 또 드물게 하는 이는 어떻게 오랫동안 平和를 누릴 수 있으랴? 순직한 자들은 복되다. 저들에게는 平和가 많이 있으리라.

二二, 많은 聖人들은 어찌 그리 완전하셨으며 觀想的 生活을 하였던고! 그는 저들이 자기를 온전히 克服하여 모든 世俗的 願慾을 없이하기를 힘쓴 고로, 온전한 마음속으로 神에게 정을 붙이고 자유롭게 자기를 支配할 수 있었던 때문이다. 우리는 너무나 우리의 邪慾을 생각하고 너무나 사라질 일에 대하여 근심걱정 한다. 우리는 한 가지 惡習이라도 완전히 이기기 드물고 날로 進步하기를 게을리 하므로 항상 싸늘하고 냉랭하게 지낸다.

二三, 매년에 惡習을 하나씩만 뽑는대도 오래지 아니하여 완전한 자가 되리라. 그러나 許願을 발한 지 여러 해가 된 오늘에도 入會하던 시초만큼 더 낫지도 못하고 더 조찰지도 못함을 도리어 자주 깨닫게 된다. 우리의 熱情과 우리의 進步가 날로 커졌어야 될 것이지만, 오늘 와서는 전 熱心의 한부분이나마 保存하였다면 그것이 크나큰 것으로 생각된다. 시초에 조금만 힘써 한다면 후에는 모든 것을 힘 안 들고 즐겁게 행할 수 있으련마는!

二四, 오랫동안 하던 것을 버리기도 어렵지만 자기 본 원의를 버리기는 더 어렵다. 그러나 너는 적고 경한 것도 이길 줄을 모르니 언제나 극난한 일을 이겨 나아가랴. 좋지 못한 傾向

이 있거든 시초에 끊어버리고 좋지 못한 習慣이 있으면 즉시 빼어버리기로 힘쓰라. 두리건데 차차 더 어렵게 될까 하노라. 네가 너를 잘 지배하므로 네게는 얼마만한 平和가 있겠으며 남에게는 얼마만한 즐거움이 될 줄을 생각한다면 영신상 進步에 대하여 더 많은 熱情이 있으리라고 생각한다.

고요함과 침묵을 사랑함

二五, 네 사정을 생각할만한 適當한 때를 찾으라. 그리고 자주 神의 恩惠를 생각하라. 好奇心의 資料는 무엇이나 버리라. 취미거리보다도 마음을 감동케 할 만한 것을 더 익히 읽으라. 무익한 談話를 말고 필요치 않은 왕래를 끊고 새로운 일과 전설을 들으려 귀를 기울이지 아니하면 默想을 잘할 만한 넉넉한 때가 있으리라. 大聖人들은 사람들과의 교제를 할 수 있는 대로 피하고 神과 같이 숨어살기를 더 願하셨다.

二六, 네가 所有하기 부당한 것을 무엇 하려 보려드느냐? 세상은 지나가고 세상의 逸樂도 지나간다(요왕일서 二의 一七). 육체의 願慾으로 우리는 이리저리 끌리나, 그 시각이 지나면 그와 같이 한 것이 良心의 짐을 더하고 정신을 산란케 함밖에 무엇을 얻었느냐? 즐거이 나갔던 것이 자주 근심 중에 돌아오게 되고 저녁에 늦도록 즐겨 논 것이 아침에 걱정거리가 된다. 이와 같이 모든 육체의 오락은 시작에 단맛을 주나 끝으로는 물고 또한 죽인다. 이곳에서 보지 못한 바를 어찌 다른 데서 보리라 생각하느냐? 天地와 그 안에 모든 만물을 보라. 이것으로써 모든 것이 다 되었느니라.

안의 정결함

二七, 네가 참으로 착하고 정결해졌으면 모든 것이 네게 善이 되고 進步가 되리라. 그러나 너는 아직 네 자신을 완전히 克服하지도 못하고 또 모든 世物을 떠나지도 못하였으므로 많은 것이 불만이고 또 가끔 마음을 산란케 하는 것이다. 세물에 대한 순결치 않은 愛着心처럼 사람의 마음을 더럽히고 어지러이 하는 것은 다시없다. 네가 만일 바깥 위로를 버린다면 천상사정을 맛들이고 마음의 즐거움을 자주 느낄 수 있으리라.

착하고 순량한 사람

二八, 너는 네 자신을 먼저 평화한 가운데에 보존하라. 그러면 남에게 平和를 줄 수 있으리라. 순량한 사람은 博學한 사람보다 더 많은 유익을 준다. 惡習에 걸린 사람은 좋은 것이라도 악하게 만들고 악한 것을 쉽게 믿는다. 순량한 사람은 모든 것을 善으로 돌린다. 평화한 가운데 잘 있는 사람은 남을 의심치 않는다. 모든 일에 만족할 줄을 모르고 항상 불안한 사람은 가지가지의 의심이 일어나 번민을 느끼고 결국에는 자기도 편히 못 있고 남도 편히 못 있게 하고 말하지 아니하여야 할 것을 가끔 말하고 해서 유익할 일을 하지 않으며 남은 무엇을 할 義務가 있다고 잘 살필 줄을 아나 자기의 할 義務는 소홀히 본다. 그러니 너는 네 자신에 대한 걱정을 먼저 하라. 그러면 당연히 남의 걱정을 해 줄 수 있을 것이다.

二九, 너는 네 행동을 핑계하여 두호하고 가리울줄은 잘 알면서 남의 이유는 믿으려 하지 아니한다. 네 형제는 잘 양해해 주고 너 자신은 잘못한 줄로 자복함이 당연한 일이 아니냐? 남이 너를 양해하기를 원하거든 너도 남을 양해해 주라. 남이 너를 참아 주기를 원하거든 남을 참아 주라. 보라, 너는 참다운 사랑과 겸손에서 얼마나 멀리 떨어져있는가? 참다운 사랑과 겸손은 자신에게 대해서만 분노할 줄 알고 남에게 도무지 분노하거나 역정을 낼 줄 모른다. 착하고 양순한 사람과 지내는 것은 큰일이 아니다. 이는 누구나 다 자연히 좋아하는 바요, 또 누구든지 평화를 즐기며 자기와 감정이 같은 자를 더 사랑하는 연고다. 그러나 무정하고 성질이 악한 사람이나 혹 반항하는 사람이나 우리의 마음과 맞지 아니하는 사람과 한가지로 무사히 화목하며 살아나가는 것은 神의 큰 은혜요 매우 아름답고 사내다운 일이다.

三○, 사실 자기도 안온히 지내고 남과도 잘 화목해 지내는 사람들이 있지만, 자기도 불안하고 남도 안온히 있지 못하게 하여 남에게도 곤란을 주고 자기들에게는 항상 더 큰 곤란이 되는 사람이 있다. 또 평화한 가운데 자기를 안온히 지배하면서 다른 사람도 평화한 가운데 살게 하려고 힘쓰는 사람도 있다. 그렇지만 가련한 이 세상에는 우리의 평화가 반대를 당하지 아니하는 데 있지 않고 겸손히 참아가는 데 있다. 그래서 참을 줄을 알면 잘 알수록 그만큼 평화를 누리는 것이다. 그 법을 아는 사람은 자기를 이긴 勝利者요 세상의 主權者요 그리스도의 벗이며 天國의 相續者이다.

순결한 마음과 순박한 지향

三一, 사람이 세상 것을 떠나 위에로 오르는데 두 날개가 있으니, 즉 순박함과 순결의 두 날개다. 志向에는 반드시 순박함이 있어야 할 것이요 感情에는 반드시 순결함이 있어야 할 것이다. 순박함으로는 사람이 神께로 向하고 순결함으로는 그를 얻어 누리게 된다. 네가 안으로서 무슨 절제 없는 情에서 벗어나면 아무 선한 행동이라도 네게 조당이 되지 아니한다. 神의 좋아하시는 것과 남의 유익 외에는 아무것도 네가 뜻하지 않고 찾지 않는다면 안으로서의 自由를 누리게 될 것이다. 네 마음이 바르다면 모든 조물은 생명의 거울이 될 것이요 거룩한 學問을 가르치는 책이 될 것이다. 조물이 적다하고 천하다 할지라도 神의 선하심을 드러내지 못하게끔 그렇게 적고 천한 것은 없다.

三二, 사람이 냉담하기 시작하면 그때는 조그마한 수고라도 무서워하고 밖으로 무슨 위로가 있으면 즐겨 받는다. 그러나 사람이 자기를 온전히 이기기를 시작하고 神의 길을 씩씩하게 밟기를 시작하면 전에 어렵다고 생각하던 것이 쉽게 여겨질 것이다.

자기를 살핌

三三, 內的生活을 하는 사람은 무엇보다도 먼저 자기 자신을 지배하는 일을 첫째로 하고 또 이렇게 자기 자신을 부지런히 돌보는 사람은 남의 장단을 가려 말하지 아니하는 것이 어렵지 아니하다. 內的生活을 하고 信心있게 살자면 남을 들어 말을 말 것이요, 자신을 특별히 살필 필요가 있는 것이다. 네 생각이 오로지 네 자신과 神께만 있다면, 밖에 무슨 일이 있다 할지라도 별로 흔들리지 아니할 것이다. 네가 네 자신에 생각을 두지 아니한 때 네 생각이 어디 있더냐? 또 네 자신의 일을 제쳐놓고 이리저리 모든 일을 참견하였을 때 무슨 신통한 효험을 보았느냐? 참다운 평화와 화합을 바라거든 반드시 모든 것을 다 제쳐놓고 네 자신만 눈앞에 세워놓고 나아갈 것이다.

어진 良心의 즐거움

三四, 良心이 깨끗한 사람은 만족을 누리기 쉽고 平和를 누리기도 쉬울 것이다. 네가 찬미를 듣는다고 더 거룩해지지 않고 책망을 듣는다고 더 천해지지도 않는다. 너는 그대로 너다. 神께서 아시는 그것보다 더한 價値를 가졌다 할 수 없다. 너는 네 속이 어떠한지 잘 살핀다면 밖에서 사람들이 너를 가져 무엇이라 하든지 상관치 아니할 것이다. 사람은 얼굴 보고 價値를 헤아리나 神은 마음에 있는 것을 보신다. 사람은 행동을 살피고 神은 그 뜻을 살피신다. 항상 잘하면서도 자기는 변변치 못한 것으로 생각하는 것은 겸손한 靈魂의 표다. 무슨 조물의 위로를 받고자 아니하는 것은 깨끗한 마음과 내적 의뢰의 표일 것이다.

파스칼

「팡세」로부터

偉大 — 悲慘

1

人間의 偉大함은 그가 그 자신의 悲慘을 아는데 있다. 樹木은 자기가 悲慘한 줄을 모른다. 그러므로 사람이 자기를 不幸하다고 생각할 때 거기에 不幸이 온다. 그러나 人間이 워낙 不幸한 것임을 알 때 거기에는 偉大함이 온다.

2

사람은 느낌이 없이는 不幸하지가 않다. 쓰러진 집은 不幸한 것이 아니다. 오직 사람뿐이 不幸한 것이다.

3

생각하는 일이 人間을 偉大하게 만든다.

4

空間 속에서 나는 내 자신의 品位를 찾는 것이 아니고 내 思考의 秩序 속에서 이것을 찾는다. 내가 아무리 넓은 土地를 所有했다고 해도 그 때문에 내가 偉大해지는 것은 아닐 것이다. 아득한 空間에 依하여 宇宙는 나를 에워싸고 한 조그만 點인양 나를 삼켜버린다. 그러나 나는 思考에 依하여 이 宇宙를 다시 에워싼다.

5

人間은 한개 갈대밖에 더 못 된다. 自然 중에서 가장 연약한 …… 그러면서도 그는 생각하는 갈대다. 人間을 粉碎하는 데는 全宇宙가 武裝할 必要가 없다. 한 줄기 蒸氣 한 방울 물을 가지고도 넉넉히 그를 죽일 수 있다. 그러나 宇宙가 그를 粉碎하는 境遇에 있어서도 人間은 그를 죽이는 者보다 한층 더 高貴할 것이다. 그것은 자기가 죽는다는 것과 宇宙가 자기보다 優越하다는 것을 알고 있기 때문이다. 宇宙는 그런 줄을 전혀 모른다. 그러므로 人間의 尊嚴性은 바로 이 思考 속에 있다. 이 생가하는 일이 人間을 높인다. 우리들이 차지하는 얼마 안 되는 空間이나 時間이 人間을 높이는 것이 못 된다. 그러므로 事物을 窮究하기를 정성스럽게 해야 할 것이다. 이것이 道德의 原理가 되는 것이다.

6

나는 손도 발도 머리도 없는 사람을 想像할 수는 있다. 그러나

思考하지 않는 사람을 想像할 수는 없다. 그것은 돌이 아니면 짐승일 것이다.

7

人間은 분명히 생각하기 위해서 만들어졌다. 생각하는 일 속에 그의 尊嚴性과 功績이 깃들인다. 그의 全義務는 올바로 생각하는 일이다. 그런데 思考의 順序는 人間이 먼저 자기 자신을 생각하고 자기를 措定한 者와 자기의 最終目的을 생각하기를 要求한다.

그런데 사람들은 이 같은 대견한 일은 전연 생각하려고 하지 않고 춤추기와 樂器 만지기와 노래 부르기와 詩 짓기와 競技하기 같은 일만을 생각한다. 그리고 決鬪할 일과 王이 되어 볼 일과…… 그러면서도 王이 무엇이고 人間이 무엇인지는 생각하지 않는다.

8

理性과 激情 사이에 벌어지는 人間의 內部鬪爭 – 理性뿐이 주어지고 激情이 주어지지 않았다고 하면……激情뿐이 주어지고 理性이 주어지지 않았다고 하면……그러나 두 가지가 주어졌기 때문에 人間의 內部에는 싸움이 있을 수밖에 없다. 하나와는 平和를 바라면서 다른 하나와는 싸움 속에 있고. 이렇게 하여 人間은 언제나 分裂狀態 속에 있고 자기 스스로와의 矛盾에 떨어진다.

釋 義

9

事物에는 세 가지 秩序가 있다. 肉體와 精神과 意志.

肉的인 者는 돈 많은 者나 君王들이다. 그들은 身體를 대견하게 여긴다.

探求者와 學者, 그들은 精神을 위하여 生涯를 바친다.

賢者, 그들은 義를 세우고 義를 위하여 살기를 원한다.

……그런데 神뿐이 참된 叡智를 주신다. 그러므로 자랑하는 者는 主에 있어서 자기를 자랑하지 않으면 안 된다.

10

人間의 세 가지 欲求는 哲學의 세 學派를 만들어 내었다. 그런데 哲學者들은 이 세 가지 欲求 중의 하나를 따라가는 外에 다른 일을 하지 않는다.

11

大多數의 사람들은 幸福을 돈이나 外部的인 財寶나 심지어 한때의 慰戱 속에서 찾으려고 한다. 哲學者들은 이 모든 것의 虛妄함을 가르치고 자기들이 옮겨 놓을 수 있는 자리에 그것을 옮겨 놓는다.

12

스토아學派 사람들은 말한다. 「당신들 자신 속으로 돌아가라. 거기서 당신들은 平安을 발견하게 되리라」고. 그러나 이것은 진실이 아니다.

다른 사람들은 말한다. 「밖으로 나가라. 慰戱 속에서 幸福을 찾으라」고. 그러나 이것도 진실이 아니다. 病이 깃들어 온다. 幸福은 내 안에도 내 밖에도 없다. 幸福은 神의 안에뿐 있다. 이렇게 하여 내 밖과 안에 있게 된다.

人間이 神을 위해서 만들어진 것이 아니라고 하면 그가 神의 안에 있어서뿐 幸福한 것이 무엇 때문일까.

14

사람들이 眞理를 원하거니와 만나는 것은 不確實뿐이고 사람들이 幸福을 찾거니와 不幸과 死에 만날 뿐이다.

15

基督敎는 妙하다. 그것은 人間에게 자기가 천하고 심지어는 憎惡해야 할 者임을 命令하고 한편 神을 닮아야 할 것을 命令한다. 이 같은 平衡을 취해 주는 分別이 없다고 하면 그 高揚은 그를 무섭게 空虛하게 만들 것이고 그 卑下는 그를 놀랍게 천하게 만들 것이다.

16

人間은 神을 알고 자기 자신의 悲慘을 모를 때 驕傲에 떨어지고, 자기 자신의 悲慘을 알고 神을 모를 때 絶望에 떨어진다. 예수 그리스도를 알 때 우리들은 중가운데 선다. 왜 그런고 하니 거기서 우리들은 우리들 자신의 悲慘과 함께 神을 발견하기 때문이다.

17

예수그리스도는, 우리들이 驕傲함이 없이 그에게 나아가고 絶望에 떨어짐이 없이 그의 앞에 자기를 卑下할 수 있는 神이다.

18

基督者는 자기가 神과 결합되어 있음을 믿고 있으면서도 얼마나 驕傲하지 않은가. 자기를 地面을 기어가는 지렁이에 比하면서도 얼마나 卑屈하지 않은가.

生과 死, 善과 惡을 받아들이는 아름다운 態度.

19

참된 宗敎는 偉大함과 悲慘함을 가르쳐주고 人間으로 하여금 자기를 尊重하면서 輕蔑하고 자기를 憎惡하면서 사랑하도록 嚮導해야 한다.

20

참된 宗教는 우리들의 義務와 無力(高揚과 願慾) 그리고 그 救濟手段인 謙虛와 滅欲을 가르친다.

21

「이 개는 우리 것이다」, 「저기는 내가 햇볕을 쬐는 장소다」라고 가난한 집 애들이 말했다. 여기에 地上에 있어서의 簒奪의 시초와 象徵이 있다.

人 間

22

人間은 天使도 아니고 禽獸도 아니다. 그런데 不幸한 일은 天使의 흉내를 내는 者가 禽獸의 흉내를 내곤 하는 일이다.

23

사람에게 있어서 快樂을 느끼는 部分이 무엇일까. 손? 발? 살덩어리? 피? 사람들은 그것이 非物質的인 것이어야 함을 알게 되리라.

24

本能과 理性, 두 개의 本性의 標徵.

25

理性은 주인이 내리는 것보다도 한층 더 긴급하게 우리에게 命令을 내린다. 그도 그럴 것이, 주인에 복종하지 않는 者는 不幸하지만 理性에 복종하지 않는 者는 바보이기 때문이다.

26

생각하는 일(思考)은 人間의 偉大性을 形成한다.

27

자기의 情慾을 制禦한 思索者들. 어떤 物質이 이 일을 할 수 있었던가.

28

魂이 가끔 到達하는 저 偉大한 精神的인 奮進은 魂이 줄곧 이것을 이끌어 나가는 것이 못 된다. 魂은 한때 거기에 뛰어오를 따름이다. 그것도 王座에 앉는 것처럼 긴 期間을 두고서가 아니라 한 瞬間뿐이다.

29

人間의 天性은 줄곧 前進하기만 하는 것은 아니다. 前進도 하거니와 後退도 한다. 熱病에는 惡寒과 熱이 있다. 그리고 惡寒은 熱 그 자체와 마찬가지란 熱病의 度를 表示한다. 世紀에서 世紀로 人間의 發明도 마찬가지로 前進한다. 世人의 善意와 惡意도 대체로 마찬가지다.

30

雄辨도 계속하면 倦怠를 느낀다. 王候나 王者는 慰戲를 즐긴다. 그들은 늘 王座 위에만 앉아 있지는 않는다. 偉大함을 알기 위해서는 거기서 떠날 必要가 있다. 連續은 萬事를 不快하게 만든다. 추위도 줄곧 계속되면 기분 좋은 것이 못 된다.

自然은 가고 오는 進步에 依해 움직인다. 自然은 가고 또 온다. 다음에는 더욱 멀리로 갔다가 두 倍가 되어 돌아오고 그 다음에는 이전보다 한층 더 먼 곳에 가고.

바다의 滿潮도 마찬가지일 것이다. 太陽의 運行도 마찬가지일 것이다.

31

人間의 모든 尊嚴性은 思考에 있다.

32

世界 最高의 法官의 精神도 그 주위에서 일어나는 最初의 騷音에 依해 곧 混亂되지 않을 정도로 超然한 것은 못 된다. 그의 思考를 방해하기 위해서는 大砲 소리까지 낼 必要는 없다. 風車나 滑車의 소리만 가지고도 넉넉하다. 그의 推論이 잘되어 가지 않는다고 하여 놀랄 바는 아니니다. 한 마리 파리가 그 귀밑에서 시끄러운 소리를 내고 있다. 그로 하여금 名案이 머릿속에 떠오르지 못하게 하기 위해서는 그것만으로도 충분하다. 만일 당신들이 그로 하여금 참다운 것을 발견하게 하고 싶거든 그의 理性을 방해하고 그의 유력한 知性을 混亂시키고 있는 저 동물을 쫓아내면 될 것이다.

33

人間은 본래 信心스러우면서도 不信心스럽고 卑怯하면서도 大膽스럽다.

34

過多와 過少. 그에게 아무것도 주지 않으면 그는 眞實을 발견하지 못한다. 그에게 너무 지나치게 주어도 마찬가지다.

35

兩極과 中庸－너무 빨리 읽든가 너무 천천히 읽든가 하면 사람은 그 뜻을 이해하지 못한다.

36

無窮한 空間의 永恒한 沈默이 나를 놀라게 한다.

37

神이 있다는 것도 모를 일이고 神이 없다는 것도 모를 일이다. 영혼이 몸과 함께 있다는 것도 우리에게 영혼이 아주 없다는 것도, 世界가 지음을 입었다는 것도 지음을 입지 않았다는 것도, 原罪가 있다는 것도 그것이 없다는 것도 모두 모를 일이다.

38

지나치게 自由스럽다는 것은 좋은 일이 아니다. 모든 必要가 充足되는 것도 좋은 일은 아니다.

39

정신을 다소 弛緩시킨다는 것은 필요한 일이다. 그러나 이것은 최대의 방탕을 향해 문을 열어준다.

40

사람은 젊었을 때 옳은 판단을 내리지 못한다. 너무 늙어도 마찬가지다. 충분히 생각하지 않는 境遇나 지나치게 생각하는 境遇에는 머리가 완고해지거나 열중해진다. 자기가 한 일은 하고 난 직후에는 이것을 좋게만 보려고 한다. 너무 오랜 시일이 경과한 뒤에는 그 당시 기분을 가질 수가 없다.

그림도 너무 멀리서 보든가 너무 가까이서 보든가 하면 이와 같은 것으로서 그 자리에 있어야 할 正確한 點이란 꼭 하나밖에 없는 법이다. 다른 點들은 너무 가깝든가 너무 멀든가, 너무 높든가 너무 낮든가 하다. 그림에 있어서는 配景法이 그것을 決定한다. 그러나 眞理나 道德에 있어서는 무엇이 그것을 결정지을 것일까.

41

모든 것이 꼭 같이 움직일 때에는 마치 어느 것이나 움직이지 않는 것처럼 보인다. 배에 타고 있을 때가 그렇다. 사람들이 모두 방탕의 길을 달리고 있을 때는 누구 하나 그 쪽에 달리고 있는 것처럼 보이지 않는다. 머물러 있는 者가 마치 고정되어 있는 點마냥 남들의 흥분에 대해 주의를 환기시켜 준다.

42

불규칙한 생활을 하고 있는 사람들은 규칙적인 생활을 하고 있는 사람들에게 저들은 본성에서 떠나 있다고 말하고 자기들은 본성에 따라가는 것으로 믿고 있다. 이것은 마치 배를 타고 있는 者가, 陸地에 있는 사람들이 달음질 치고 있다고 생각하는 것과 같다. 양쪽이 다 그렇게 생각해도 좋은 이유를 가지고 있다. 그러나 이 사태를 옳게 판단하기 위해서는 움직이지 않는 고정한 點이 있어야 할 것이다. 港口는 배를 타고 있는 사림들을 판단하는 點이다. 그러나 道德의 世界에 있어서는 그런 고정된 港口란 어디 있는 것일까.

43

矛盾은 眞理의 하나의 나쁜 標識이다. 확실한 몇 개의 사물이 모순 되어 있을 때도 있고 수많은 虛僞가 모순 없이 통할 때도 있다. 모순은 虛僞의 標識이 아닌 동시에 모순이 없다는 것도 眞理의 標識이 못 된다.

44

두 가지 것이 人間에게 그 全本性을 가르쳐 주는데, 하나는 善에 향한 本能이고 하나는 悲慘을 알리는 經驗이다.

45

人間의 魂을 우리들은 매우 偉大하다고 생각하고 있으므로, 그것이 경멸되거나 혹 누구로부터 존경을 받지 못하거나 하면 참을 수가 없다. 그리고 人間의 모든 福祉는 이 존경 속에 있는 것이다.

46

禽獸들은 서로 尊敬하는 법이 없다. 말(馬)은 그 벗에 경의를 표하지 않는다. 그것은 달음질 칠 때 그들 사이에 경쟁심이 없기 때문이 아니라, 그런 것이 별로 중요한 結果를 가져오지 않는 까닭이다. 왜냐하면 외양간 안에서는 나른 말에 燕麥 양보하는 일은 하지 않으니까, 말들의 德은 自己充足的이다.

47

人間의 가장 천한 점은 榮譽를 추구하는 데 있다. 그런데 이것은 그의 卓越性의 가장 큰 標識이기도 하다. 왜냐하면 그가 地上에 아무리 많은 재산을 가지고 있다손 치더라도 또 아무리 몸이 튼튼하고 不便스러움이 없다고 해도 남의 존경을 받지 못하면 결코 만족하지 않을 것이니까. 그는 人間의 理性을 높이 평가하고 있는 까닭으로 해서, 그가 地上에서 어떠한 利得을 갖고 있든 지간에 人間의 판단에 있어서 높이 평가되지 않는다면 결코 滿足하지 않을 것이다. 이것이야말로 세계에서 가장 좋은 자리라고 할 수 있다. 따라서 누구도 그로 하여금 이 욕망을 버리게 할 수는 없는 것이니 이 욕망이야말로 가장 지울 수 없는 人間의 性情이라 하겠다.

48

驕傲라는 것이 모든 悲慘을 相殺하고 있다. 人間이란 그의 悲慘을 숨기거나, 혹은 그가 悲慘을 드러내면 비참을 인식하였다는 것을 자랑으로 삼는다.

49

사람은 자기를 억압하고 자기의 목을 졸라매는 여러 가지 悲慘을 눈앞에 보면서도 스스로 높이려는 억제할 수 없는 본능을 가지고 있다.

50

理性과 願慾 사이의 內的 鬪爭은 平和를 희구하는 사람들을 兩

派로 분열시켰다. 한파는 願慾을 버리고 神이 되기를 원했으며 한 파는 理性을 버리고 野獸가 되기를 원했다. 그러나 그들은 그중 어느 하나도 되지 못했다. 그리고 理性은 여전히 남아 있어 願慾의 卑劣과 不正을 비난하고 願慾에 몸을 맡기고 있는 사람들의 安息을 교란하고 있으며 한편 願慾은 이것을 버리고자 하는 사람들에게 여전히 그냥 남아 있다.

51

人間의 二重性은 너무도 명백하기 때문에 본래 두 개의 魂을 가지고 있다고 생각하는 사람들이 있을 정도였다. 그들에게는 同一한 인물이 한량없는 自高에서 무서운 絶望으로 순식간에 바꾸어지는 것 같은 일은 있을 수 없는 것으로 보일 것이다.

52

人間에게 그 偉大함을 알려주지 않고 그가 얼마나 禽獸에 가까운 것만을 지나치게 보여주는 것은 위험하다. 人間에게 그 비참함을 보여주지 않고 그 偉大함을 지나치게 보여주는 것 역시 위험하다. 양편을 다 알지 않는 것은 더욱 위험하다. 양쪽을 다 알아두는 것이 매우 유익하다.

人間은 자기를 禽獸와 같다고 생각해도 안 되고 天使와 같다고 생각해도 안 된다. 양쪽을 다 모르고 있어도 안 된다. 양쪽을 다 알아두어야 한다.

53

나는 人間이 머무를 곳도 休息도 없이……되기 위해서 그가, 누구에게나 의존하는 것을 용허하지 않을 작정이다.

54

그가 잘났다고 뽐내면 나는 그를 겸손하게 할 터이고 그가 겸손하면 추어 줄 터이다. 그리고 그가 자신이 不可解한 怪物임을 알게 될 때까지 계속해서 그에게 抗辯할 것이다.

55

사람을 칭찬하는 편에 가담하는 사람들이나 사람을 비난하는 편에 가담하는 사람들이나 스스로를 즐겨하는 편에 가담하는 사람들이나 나는 똑같이 비난한다. 그리고 나는 신음하면서 探求하는 者만을 시인할 수가 있다.

56

참다운 善을 구하여 成果없는 노력으로서 피곤할 대로 피곤해진다는 것은 좋은 일이다.

결국은 救主에게 두 팔을 내미는 것이니까.

道德과 教義

57

人間은 어떠한 位置에 자기를 놓아야 할 것임을 모른다. 그는 분명히 갈팡질팡하고 있다. 그 본래의 자리에서 脫落되어 그것을 다시 回復하지 못하고 있다. 그는 촌척을 분간 못할 어둠 속에서 불안에 싸여 여기저기 찾아다니고 있지만 종당 성공할 수가 없다.

58

사람들의 모든 營爲는 富를 획득하는 데 있다. 그러면서도 그들은 그 富의 소유가 정당함을 증명하는 이유를 제시할 수가 없다. 왜냐하면 그것은 인간이 변덕스럽기만 할 뿐 富를 확실히 소유할 만한 力量을 갖고 있지 못하기 때문이다. 이것은 학문에 관해서도 마찬가지일 것이다.

59

人間은 眞理를 欲求한다. 그러면서도 자기 속에 불확실만을 발견한다.

人間은 幸福을 찾는다. 그러면서도 비참과 죽음만을 발견한다.

우리들은 眞理와 幸福을 欲求하지 않고는 못 견딘다. 그러면서도 확실한 幸福을 얻을 수가 없다. 이 欲求가 우리에게 남아 있는 것은 우리를 벌하기 위함과 동시에 우리로 하여금 우리가 어디서 떨어져 왔는가를 알게 하기 위해서일 것이다.

60

만약 人間이 神을 위해서 만들어진 것이 아니었더라면 어째서 神에 있어서 뿐 幸福할 수 있는 것일까. 만약 人間이 神을 위해서 만들어진 것이라면 왜 이렇게도 神에 反逆하고 있는 것일까.

61

우리는 빛을 많이 가질수록 人間에 있어서의 偉大함과 卑小함을 더욱 많이 발견한다.

62

사람들이 다른 모든 사람들 위에만 서려고 하고 그들 자신의 幸福과 생명의 영속을 다른 모든 사람들의 그것들보다 좋아한다는 것은 이 얼마나 착란된 판단인가.

63

참된 唯一의 道德은, 그러므로 자기를 미워하는 것과 참으로 사랑해야 할 것을 사랑하기 위해 그것을 구하는 것뿐이다. 그러나 우리는 우리 밖에 있는 것을 사랑할 수 없기 때문에 우리 속에 있으면서도 우리 자신이 아닌 것을 사랑해야 한다. 이것은 全 人類의 한 사람 한 사람에 관해서 진리다. 그런데 그것은 普遍的인 것이어야 한다. 하늘나라는 우리 속에 있다. 普遍的인 善은 우리 속에 있고 우리 자신이면서도 우리 자신이 아닌 것이다.

64

人間의 尊嚴은 그 墮落 이전에는 被造物을 사용하고 지배하는 데 있었다. 그러나 현재에는 피조물에서 떠나 그에 복종하는 데 있다.

65

그 信仰에 있어서 唯一의 神을 모든 사물의 근원으로 받들지 않는 宗教, 그 道德에 있어서 唯一의 神을 모든 사물의 目的으로서 사랑하지 않는 宗教는 모두 虛妄하다.

66

……그러나 우리는 눈을 높은 곳에 돌리고 있지만 모래 위에 몸을 지탱하고 있다. 그러므로 땅이 허물어진다면 인간은 하늘을 바라보면서 넘어질 것이다.

67

자기가 무엇임을 探求하지 않고 살아간다는 것은 다시없는 盲目이거니와 神을 믿으면서 바르지 못한 생활을 한다는 것은 더 무서운 盲目이라고 하겠다.

68

信心있는 者는 사소한 일에 있어서도 信仰에 따라 움직인다. 그는 부리는 사람을 나무랄 때에도 神의 靈에 依해 그들의 回心을 기다리고 神이 그들을 교정해 주시기를 기도한다. 그리고 자기의 힘(叱正)에 기대함과 아울러 神에게 기대하고 神이 그의 교정을 축복하시도록 기도한다. 다른 행위에 있어서도 이와 마찬가지다.

69

人間은 神의 恩寵을 받을 만한 資格을 가지고 있는 者가 아니다. 그러나 자격을 가지게 될 수 없는 者도 아니다.

70

煉獄의 苦痛 중 가장 큰 것은 審判이 未決이라는 것이다.

71

……우리로 하여금 善을 행할 수 없다고 생각시키는 정도의 卑下도 아니고, 惡에서 완전히 벗어난 淸淨도 아니다.

72

한 사람이 어느 날 참회에서 돌아오는 길에 비상한 안심과 기쁨을 느꼈다고 말했다. 다른 사람이 자기는 공포를 그냥 느꼈다고 말했다. 여기 관하여 나는 생각했다. 이 두 사람을 합하면 하나의 훌륭한 인간이 되리라. 쌍방이 각각 남의 감정을 느끼지 않는데 결함이 있다고. 이 같은 일은 다른 사물의 경우에도 많이 일어나는 것이다.

73

聖書는 모든 상태의 사람을 위로하고 모든 상태의 사람을 畏怖시키기 위해 그 章句를 마련했다.

74

세상에는 두 종류의 사람이 있을 뿐이다. 그 하나는 자기를 죄인이라고 생각하는 義人이고 다른 하나는 자기를 의인이라고 생각하는 죄인이다.

75

예수그리스도는 아래와 같은 교훈을 주었을 뿐이다. 즉 사람들은 자기 자신을 사랑하고 있다. 그들은 종이고 장님이고 병자고 불행한 자고 죄인이다. 나는 그들을 해방하고 빛을 던져 주고 축복하고 구제해야 한다. 이 일은 그들이 스스로를 憎惡함으로써 또 고난과 十字架의 죽음으로 나를 따라오는 데서 완성된다.

76

예수는 홀로 땅 위에 계신다. 땅 위에는 그의 고통을 느끼고 그것을 같이 할 자가 없을 뿐만 아니라, 그것을 알고 있는 者도 없었다. 그것을 아는 者는 하늘과 그 자신뿐이었다.

77

예수는 동산에 계시다. 그것은 맨 첫 번 인간 아담이 자기와 전 인류를 타락시킨 쾌락의 동산이 아니고 그가 자기와 전 인류를 구원하신 고뇌의 동산이다.

78

그는 이 고통과 버림의 비애를 밤의 공포 속에서 보내신다.

저자

김기석(金基錫)
- 1905년 평북 용천(龍川)에서 출생
- 오산중학교 졸업
- 일본 早稻田(와세다)대 고등사범학부 영문학과 졸업
- 일본 동북대 철학과 졸업
- 정주중학교 교장
- 서울대 사대학장
- 한국교육학회 初대회장
- 학술원 회원
- 단국대 총장
- 경남대 총장
- 동방아카데미 원장

현대사회와 윤리

- 초판 인쇄 2005년 11월 1일
- 초판 발행 2005년 11월 1일

- 지 은 이 김기석
- 펴 낸 이 채종준
- 펴 낸 곳 한국학술정보(주)
  경기도 파주시 교하읍 문발리 526-2
  파주출판문화정보산업단지
  전화 031) 908-3181(대표) · 팩스 031) 908-3189
  홈페이지 http://www.kstudy.com
  e-mail(e-Book사업부) ebook@kstudy.com
- 등 록 제일산-115호(2000. 6. 19)
- 가 격 16,000원

ISBN 89-534-3973-6 93100 (Paper Book)
89-534-3974-4 98100 (e-Book)